JN111102

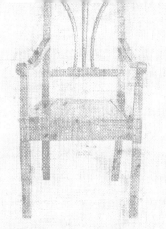

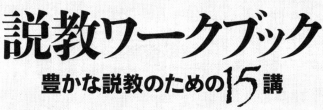

A Sermon Workbook:
Exercises in the Art and
Craft of Preaching
Thomas H. Troeger / Leonora Tubbs Tisdale

説教ワークブック
豊かな説教のための15講

トマス・H・トロウガー

レオノラ・タブス・ティスデール
［共著］

吉村和雄
［訳］

日本キリスト教団出版局

謝　辞

　本が誕生する前には、しばしば長い熟成期間があります。そしてこの本も、わたしたちが、イェール神学校の説教入門のコースを一緒に教えた7年間の時を経たのちに、機が熟して生まれたものです。わたしたちの説教者としての協力関係は喜びだったと言うとしたら、それは控えめに過ぎるものでしょう。わたしたちはそれに夢中になり、その中で成長させられ、それによって鼓舞され、それを大いに楽しみ、そしてその間に、それまでお互いのどちらがしてきたこととも違う、新しい説教の教え方を開発したのです。ですから、まず感謝しなければならないのは、お互いに対してです。真実な意味で、知的に足りないところを補ってくれる人であり、信仰と祈りのパートナーであり、そのうえ愉快な人間を同僚として持つことは、何と大きな賜物であることでしょう。

　この過程における2番目のパートナーは、わたしたちがイェール神学校で教えたすばらしい学生たちです。彼らはわたしたちに疑問を突きつけたり賛同したりしてくれましたし、わたしたちを触発し、感動させてくれました。そして常に、エネルギーと、イマジネーションと、誠実さと、共感と、知力をもって、説教の課題と取り組んでくれました。わたしたちが彼らにこの本を献げるのは、彼らがわたしたちに、教会とこの世界に対する希望を与えてくれたからです。彼らは同時に、この本を当初の計画よりずっと説得力のあ

るものにしてくれました。彼らの多くが、自分の書いた練習問題の答えを、わたしたちが論じる問題の例証のために用いることを了承してくれたからです。このワークブックの第2部には、過去と現在の学生たちが演習として書いた説教が50編載せられていますが、もしページに余裕があれば、その何倍も載せることができたでしょう〔本訳書には第2部は収めていない〕。彼らを教え、彼らから学ぶことができたことは、わたしたちの特権だと考えています。

3番目のパートナーは、学生たちがお互いに説教をし、それに応答し合う小グループの学びの多くを、何年にもわたって指導してくださった補助教師たちです。彼らの多くは現役の牧師やチャプレンであり、忙しい務めを持ちながら毎週、説教の準備をし、説教しています。彼らは長年にわたって蓄積した説教に関わる知恵を発揮してくださったので、わたしたちは彼らから多くのことを学びました。彼らの中には、ボニータ・グラブス、ジュリア・ケルシー、アンディ・ナギー=ベンソン、イアン・オリヴァー、スーザン・オルソン、バーニス「ホーピー」ランドール、エリック・スミス、シェリー・スタックハウス、そして、スピーチ指導のエキスパートであるエイドリアン・ミリクスがいます。

さらに、イェール神学校の前の学部長であるハリー・アトリッジとエミリー・タウンズにも大きな感謝を申し上げなければなりません。彼らはいつもわたしたちの企てを励まし、わたしたちが研究と執筆をするためにたっぷり休暇を取ることを、寛大にも許可してくださいました。また、チームで教えるという試みをサポートしてくださいました。わたしたちは、今日、説教学の部門にフルタイムの教授がふたりいることと、チームで教えることが教授として不利にならない組織にいることが、いかに贅沢であるかをよく承知しています。わたしたちは、自分たちがしていることをさせてくれた、しかも共同でさせてくれたイェール神学校に感謝しています。さらに研究助手を務めてくださったルアンヌ・パナロッティに感謝します。本書の編集作業の多くを手際よく能率的にこなし、わたしたちが正気を保っていられるように、混沌のモンスターを寄せつけないようにしてくださったのです。

最後に、わたしたちは、それぞれの尊敬すべき配偶者であり励まし手、わ

たしたちの友、そして考えられる限り最高の人生のパートナーである、アルフレッド・ティスデールとマール・マリー・トロウガーに感謝します。あなたがたはわたしたちの人生に、言葉に尽くせないほどの栄誉を与えてくれました。

レオノラ・タブス・ティスデール

トマス・H・トロウガー

コネティカット州ニューヘイヴン、イェール神学校

2013 年、顕現祭の日に

目　次

＊本書の第 1–15 章は、原著では「第 1 部　説教者らしく思考する（Thinking Like a Preacher）」にあたる。原著には続いて「第 2 部　説教者らしく書く（Writing Like a Preacher）」として第 16–29 章が置かれている。第 2 部は英語で説教を書くことに重点を置いた内容のため、本書には収めなかった。

＊本書の聖書引用は『聖書　新共同訳』を基本とするが、文脈に応じて、著者の用いている英訳聖書から訳出した箇所もある。

＊〔　〕は訳注を意味する。

装丁：ロゴス・デザイン　長尾 優

はじめに　　このワークブックが生まれた理由と用い方

　説教を学ぶためにこの本を手に取られた皆さんを歓迎します。あなたがこれまで一度も説教をしたことがなくても、あるいは経験を積んだ教会の牧師であっても、あるいは信徒説教者になるための訓練中であっても、神学校で説教学の研究に携わっているにしても、このワークブックはあなたのためのものです。この中の練習問題は、あなたが説教者のように考え、説教者のように原稿を書き、イマジネーションと神学的な堅実さ、聖書への深い洞察、そして心からの情熱をもってよい知らせを宣言する助けになるように考えられています。

　さらにこれらの練習問題は、あなたが説教準備の過程に喜びを見出したり、あるいはふたたび見出したりすることができるように考えられています。わたしたちがイェール神学校で一緒に説教を教えてきた何年もの間に、説教者として備えができている者もそうでない者も、いろいろな段階にある者たちがクラスに入って来ました。説教するという務めに心を燃やしている者もいれば、それに恐れとおののきを覚えている者もおり、さらにはそれを、種々雑多な牧師の務めの中で、必要ではあるが面倒な仕事だと考えている者もいました。しかしながらこれらの練習問題と取り組む中で、彼らのほとんどすべてが発見したことは、説教することは実際に、骨の折れる作業と心を込めた取り組みを求めるけれども、同時に楽しいことでもありうるということです。説教はわたしたちに、創造的に、またイマジネーションを持ってものごとを考えさせてくれます。また、純粋にアカデミックな環境では未発達に終

わってしまいかねない脳の部分を働かせてくれますし、わたしたちがそれぞれの心と魂の奥底に持っている神学的な確信に声を与えてくれます。信仰の確信を持った宣言の行為は、聴き手に希望を与えるだけでなく、知性とイマジネーションと愛をもって福音を宣言するために必要な賜物をすでに与えられていることを発見した者にも、喜びを与えるのです。

この本が生まれた理由

　わたしたちは意図的に、ひとつの主張によって貫かれた包括的な説教学のテキストではなく、個別の説教訓練のための手引きとなる本にしようと考えました。それにはいくつかの理由があります。

　1．わたしたちが生きているエレクトロニクスの時代は、ますます、マルチタスクの能力を要求するようになりました。その結果、わたしたちの大部分は日常生活において、ものごとをテキストに書かれたことに沿って考え、営むことをしなくなっています。むしろ、対処しなければならない多くの個別の任務があるという点からものごとを考えるようになっていて、そのためにはまったく別な意識形成の仕方が必要になっているのです。

　2．わたしたちは、多様性がわたしたちの信仰と生活に与える影響を、これまでなかったほどに意識しなければならない時代を生きています。説教学に対しても、異なる伝統に生きる人々、あるいは人種や民族、ジェンダーが異なる人々の持つ多様なパースペクティヴを尊重すると同時に、説教者が福音を宣言するときに、その人独自の声やスタイルを発見し発展させるアプローチの仕方が必要です。

　3．このメディア時代を生きる多くの人々は、簡潔なコミュニケーションに慣れています。したがって、人とのコミュニケーションを学ぶ方法として、短い練習問題から始めることにします。そのような練習問題から、十分な長さの説教を作成する能力を養うことへと進んでいくことができます。しかし

その練習問題自体を、長い説教が求められていないときに用いられる短い説教にすることもできます。それは、「サウンドバイト（sound bites）」〔ニュース番組などで短く引用される発言や、繰り返し使われる標語のような短い文章〕を聞き慣れた世代に通じる話をする際に有用です。

　4．説教の学びを始める人々はいろいろな段階にあるので、ある人に必要なことを、他の人はすでに学び終えていることもあれば、その逆もあります。それぞれの人が自分にふさわしいところから学びを始められるように、わたしたちには柔軟性のあるワークブックが必要です。

　5．多様性と変化のただ中で、わたしたちには、なぜ説教をするのか、生きるために最も大切なものは何かについて、これまで以上に神学的明快さが必要です。わたしたちに必要なのは、柔軟で多様であると同時に、人々が福音の中核にあるものを証しする助けとなるアプローチです。

ワークブック型の学びがもたらす教育上の利点

　ワークブックを用いた説教へのアプローチには、個人的な利点、また時代に即した文化的利点に加え、そこから得られる重要な教育上の利点があると、わたしたちは信じています。実際に、わたしたちが説教を教えるために、「講義中心」のアプローチから離れ、より「練習問題中心」のアプローチを採用した主な理由のひとつは、それが成人の学生と、彼らが新しい理解に達する道をより大切にするやり方であるからです。トマス・アームストロングが以下のように語っている通りです。

　　ほとんどのアメリカ人にとって「教室（classroom）」という言葉が思い起こさせるのは、きちんと並んだ机に、学生たちが部屋の前方を向いて座り、教師が大きな机に座ってレポートに赤を入れているか、黒板の横に立って学生たちに講義している、というイメージです。確かにこれは教室をしつらえるひとつの方法ですが、決して唯一の方法ではなく、

最善の方法でもありません。多重知能（multiple intelligences）の理論に基づいて考えるならば、教室の環境——教室の生態系（ecology）と言ってもかまいません——は、様々な学生のニーズに応じるために、根本的に再構築される必要があるかもしれません（注1）。

この本は、わたしたちが身につけている多くの異なったやり方を大切にしつつ、説教学を教えるための「根本的に再構築された」アプローチを提供したいと願う、わたしたちの努力の表れです。

この本の中で提供されているいくつかの理論は、伝統的な説教学の著作に依拠していますが、わたしたちはその理論を新しいやり方で提示しています。それぞれの章を長くする代わりに、ひとつの説教学の原則を紹介し、読者である皆さんに、その原則を用いた練習問題と取り組んでいただきます。練習問題を終えたら、その理論から、そしてそれを実践してみたことから何を学んだかを、個人あるいはグループで振り返ってください。そうすることによって、理論と実践がひとつに結びつくでしょう。それは優れた説教をするために、決定的に重要な過程です。そして自分の経験を省察するとき、あなたはひとりの実践神学者としての技能を発展させているのです。

同時にわたしたちのアプローチは、現代の学習理論の最善のものを組み入れています。例えば多重知能や社会文化的分析は、わたしたちが語る説教のコンテキストがいかに多様性に富んでいるか、そのことに気づく鋭敏さを養ってくれます。

ふたつの声の重要性

わたしたちはこの本を、イェール神学校で説教入門のコースを教えるのと同じやり方で、つまり、女性の声と男性の声というふたつの声で書きました。このふたつの声はお互いに補い合い、また支え合うものです。多くの教派において、女性が説教壇に近づくことが未だに拒否されている時代に、説教を教える中で、女性と男性をパートナーとして位置づける説教学のモデルを示すことは、極めて重要であるとわたしたちは考えています。それだけでなく、

わたしたちのそれぞれが、独自の方法でこの務めの中に持ち込んできた知識と技能によって、またわたしたちが授業で一緒に働き、またこの本を一緒に書くことによってひらめき出た新しいアイディアによって、わたしたちの教える内容はこのうえなく豊かなものになりました。

　説教学について書いてみて、また多くの学校や教会、また教派の中で説教を教えてみて、今わたしたちは一緒に取り組んだことによって、自分がこれまでやってきたよりもはるかに創造的に教えていることに気づいています。そしてそれ以上に、わたしたちは一緒に教えることを楽しんでいます。わたしたちはあなたにも一緒に楽しんで欲しいのです。

このワークブックの構造

　このワークブックの練習問題は、ふたつの部分に分かれています。第1部では、よい説教に不可欠な説教学の一連の原則と実践課題、それらの根底にある神学と理論、それらを活用するための練習問題と出会うことになります。これらの練習問題は、あなたが説教者らしく思考する助けになるように考えられています。

　第2部の練習問題は、説教者らしく書くことを助けるように考えられています。学術的な著述と違って、説教を書くときには、目ではなく耳のために書くことが求められ、口で語るときの流れやリズムに心を砕くことが求められます。さらに説教を書くときには、生き生きとしたイメージを用いることや物語を活用すること、また頭と心を結びつけることが求められます。それらはしばしば、学術的な散文の中よりも、優れた文学作品や詩の中に顕著に見られるものです。この部分の練習問題は、あなたが、よい説教を生み出すような原稿の書き方にもっと熟達することを助けます。

このワークブックの用い方

　このワークブックは、説教学習の基本的なコース全体を形成できるように、あるいは個人やグループでの学び、信徒のための説教セミナーなどでの説教

学習のための補助的な教材として、また神学校で他の説教学のテキストと一緒に用いられるように考えられています。

1) このワークブックを用いて学習コースの全体を構築する

　わたしたち自身の説教入門コースには、以下のような要素が含まれています。それぞれ短く説明をします。

a. 全員出席の授業で

　このワークブックの第1部「説教者らしく思考する」は、授業で用いるのが最も適しています。15章までありますが、それらは授業1回ごとに用いることができるように、相互に関連のないばらばらの形になっています。それらの章には、以下の内容が含まれています。説教の基本的実践のうちのひとつに的を絞った説教の神学と理論、それに関する実践に学生をすぐに取り組ませるための練習問題、グループでの考察とディスカッションを導くための質問。わたしたちがそのようなコースを教えるときにはたいてい、その練習問題について3-4人の小さなグループで話し合う時間を設けます。そのような小グループでの作業は、大きなグループでは発言できない人を含め、すべての人に対して、自分の考察を他の人と分かち合う機会を提供することがわかっています。そして最後に、クラス全体で報告と総括をしてもらいます。

　わたしたちは、取り上げる予定の論題の一覧を載せた授業計画を学生たちに配りますが、各論題をいつ取り上げるかは示しません。取り上げる順序は、クラスの関心と必要に応じて、わたしたち教師が自由に決められるようにしておきます。わたしたちは毎年、新しい論題と練習問題を付け加えたり、除いたりしてきました。同時に、この説教学の授業でなされていることと、キャンパスの他の出来事を結びつける可能性を残しておきました。例えば学期中に、イラク戦争の写真が教室の外の廊下に展示されていたときには、その写真の中から1枚を選んで、それを用いた説教の導入を書くように学生に求めました。それから、戦争のような社会的な出来事について説教することが突きつける課題を、授業の中で議論しました。

　このワークブックの練習問題は、わたしたちのコースで教えることの核心を提供するものであって、現実の「コースのテキスト」ですが、わたしたちは同時に、その学期のコースの中で他に4つの説教学のテキストを学生たちに読ませました。説教についての多様な声とパースペクティヴに触れさせるためです。また、最後から2番目の授業では、コースの間にわたしたちが触れる機会を持たなかった事柄について、学生たちが抱くあらゆる疑問に答えるために、すべての時間を用います。学生たちは小さな紙切れに自分の質問を書き出し、わたしたち教師がそれらを説教の「願いを叶える魔法のつぼ（genie jar）」の中に集め、交代で質問を取り出してはそれに答えます。

b. 書くことの練習問題

　このワークブックの第2部「説教者らしく書く」の中には、語り／聞くスタイルの文章を書くことへの導入の章（第16章）があり、また書くことの13の練習問題（第17-29章）があって、そこでは学生たちが、指定された論題について、語り／聞くスタイルを用いて1ページの小説教を書きます。その練習問題は、学生たちが学問的な書き方から抜け出て、彼らの神学的なイマジネーションを活用して文章を書き、頭と意志に訴えると同時に感覚と感情にも訴える文章を書く助けとなるように、考えられています。それと同時に、学生たちが、より焦点の絞られた、簡潔な説教を書く助けとなるように、考案されています。

　わたしたちの入門のコースでは、学生たちは2週目から書くことが課題として与えられます。それ以後、彼らは毎週ひとつの文章を課題として提出します。教師としてのわたしたちの務めのひとつは、学生たちが課題の文章を提出したならば、それらすべてをただちに読み、その中から優れたものを4つか5つ共同で選び出すことです。わたしたちは次の授業を（そしてその後に続くすべての授業を）、前の週に提出されたものの中で最もよかったものを、誰が書いたかは伏せたまま朗読してから始めます。

　わたしたちは、このようなアプローチを取ることの、いくつかの重要な利点を発見しました。第1に、学生たちは同級生の優れた文章を聞き、どうすれば自分の文章がもっとよくなるかについて、非常に多くのことを学びま

す。彼らの仲間が、各章で論じられていることを形にしてくれて、彼らの教師になるのです。第2に、学生たちは（誰かわからないような形で）、優れた説教原稿を書いたことを評価され、それを続けるようにと励まされます。最後に、学生たちは、仲間の説教を聞くことによってしばしば感動させられ、刺激を与えられ、時には畏敬の念を抱くことさえあります。第2部の各章に含まれている学生たちの模範的な文章を読めば、それがなぜか、あなたにもわかるでしょう。

　わたしたちがこのようなやり方で授業を始めると、それが、まるで礼拝のように感じられるようになります。実際に、最後の授業では、説教の目的について仲間に説教するようにと求める第29章の練習問題への答えとして書かれた学生の文章の、最もすぐれたものをいくつか取り上げて、それらを中心にした閉会礼拝を考えるのです。

c. グループでの説教

　わたしたちのコースの3番目の部分は、グループでの説教です。学生たちはグループ（それぞれ10名を超えない）に分かれ、教師か牧師がそれぞれのリーダーになります。ひとつの学期を通じて、それぞれの学生がふたつの説教をし、それらについてグループの批評を受けます。学生たちが説教する様子はビデオに撮られ、彼らは、自分自身をビデオで見て学んだことについて短い評価を書きます。スピーチの指導者が彼らに会って、メッセージの伝え方について指導をします。

d. すべてを統合する

　コースの最後に提出する論文の中で、学生たちは、クラスでの発表とディスカッション、また課題として与えられた説教学の4つのテキスト、小グループで説教し、仲間の説教を聴いたこと、週ごとの書く練習などを通して学び取ったことを統合する機会を与えられます。わたしたちは、短い1学期の間に彼らが学び取ったことと彼らの成長に、しばしば驚嘆させられます。

2) このワークブックを信徒牧会者の訓練や神学校の学びの補助的なテキストとして用いる

　この本を作成しながらわたしたちが思い描いていた読者の一部は、信徒牧会者になるために準備をしている人々と、彼らを指導する教師たちです。このワークブックは、構成が単純で、どのような用途にも対応できるようになっているので、教師たちは、彼らが指導しているグループの状況に合わせて、第1部の章を選び、また第2部の書く練習問題を選ぶことができます。そのようにして、それぞれの状況に応じて、どのような長さのコースでも構成することができます。この本は実質的に、それ自体が教えるものになっているので、教師があれこれ追加して用意する必要はありません。授業では練習問題と取り組み、それについてディスカッションすること、また各章で述べられている説教の神学と理論を継続的に考察することに時間を用ればよいのです。公式のコースが終わったならば、それぞれの参加者が、自分でさらに多くの練習問題と取り組んで学びを深めたいと願うでしょう。

　このワークブックは、神学校の説教学の授業で補助的なテキストとして用いることも容易にできます。教師は、自分の学生たちに取り組ませたい練習問題を選び出し、自分の授業計画の中に組み入れさえすればよいのです。

3) このワークブックを、非公式な、個人またはグループでの学びに用いる

　自分で学びを深めるためにこのワークブックを用いようと決めた個人やグループならば、どのように用いるかについて少なくともふたつの選択肢があります。最初の選択肢は秩序立てて学ぶ方法で、1回ごとに、第1部からひとつの章を、第2部からひとつの書く練習問題を選んで取り組むことです。わたしたちはこの本の第1部で取り上げている論題を、わたしたちがそれを教えるときの順序で並べました。そのため、それに従うほうが、論理的にもまた学ぶ順序としてもよどみなく行えます。大事なことは、この本の第2部の書く練習問題は、第1部を学び終えてから取り組むように意図されたものではない、ということです。それらは、第1部を学びながら取り組むように意図されたものです。

　第2の選択肢は、自分に最も役に立つところから始めることです。それ

は恐らく、あなたが自分の説教において困難に直面しているところでしょう。それから、このワークブックの中で、ふさわしいと思われる部分を学びます。しかしながら、このワークブックからすべての益を収穫するためには、第1部と第2部の練習問題の両方と取り組むことが不可欠です。

　グループでの学びが有利な点のひとつは、自分の練習問題との取り組みを分かち合い、考察するための仲間が、すでに与えられていることです。顔と顔とを合わせて学ぶことが理想的ですが、もし牧師や信徒牧会者のグループがある一定の期間、一緒に練習問題と取り組むことを約束している場合には、これらの会話をオンラインですることも想定できます。

　あなたが個人的に学んでいる場合には、あなたの練習問題との取り組みに耳を傾け、一緒に考察してくれる説教のパートナーを見つけることができれば有益でしょう。もしその人が、あなたと一緒に練習問題と取り組んでくれたなら理想的です。

注

1.　Thomas Armstrong, *Multiple Intelligences in the Classroom*, 2nd ed. (Alexandria, VA: Association for Supervision and Curriculum Development, 2000), 67.〔アームストロング『マルチ能力が育む子どもの生きる力』吉田新一郎訳、小学館、2002 年〕

第**1**章　　よい説教のしるし

　皆さんの多くが、説教についてかなりのことをすでに知っておられると思います。それは直感的な知識で、感じ取ってはいるけれどもまだ自分自身の言葉になっていないということかもしれません。皆さんはこれまで何年もの間、それぞれの教会やシナゴグ、街角で、あるいはテレビや映画、インターネットを通して、よい説教やそうでない説教を聴いてきたでしょう。あなたが信仰についての初心者であったとしても、これまで十分な数の説教を聴いてきて、説教をよくも悪くもするものは何かについて、自分なりの意見を持っていると思います。

　この章での練習を通して、説教について皆さんがすでに知っていることや考えていることを引き出したいと思っています。それを通して、よい説教のしるしのいくつかを、また説教を貧しくつまらないものにしてしまうもののいくつかを、知ることができるでしょう。

　わたしたちの目標は３つです。説教の本質を理解すること、説教を評価する基準を明らかにすること、説教の初心者に対して、神の言葉を告げようと努力を重ねる中で助けとなるような説教の技術と技巧を知っているという自信を持ってもらうことです。

　第１に、何が説教を「よい」ものにするか、あるいは「悪い」ものにするかを話し合うときに、わたしたちは説教すること自体の本質について理解し始めます。例えば、もしある説教を、朗読された聖書テキストに近く留まっているので「よい」と言う場合、その判断は、説教というものが聖書の

中に明らかにされている神の言葉に根ざすものだとわたしたちが考えている
ことを示しています。聖書を忠実に用いることは、説教の本質的な一部分で
す。それに対して、「悪い」説教とは、説教者が会衆自身や彼らの必要と関
心に注意を払わずに自分のことばかり語っている説教だとわたしたちが定義
した場合、説教のもうひとつの本質を示すしるしは、聴き手に対する心配り
であることがわかります。この章の中の練習では、「よい」説教、あるいは
「悪い」説教について上に述べたプロセスを継続して、説教はどうあるべき
か、説教で何をすべきかについて、あなた自身の考えを明確にする方法を示
します。

　第2に、(特にグループで) ここで練習と取り組むことは、自分自身や友人、
仲間によって語られた説教を批判し評価するために用いうる基準を明らかに
することにもなります。わたしたちがイェール神学校で説教学入門のコース
を教えるときには、学生たちがその学期の間じゅうお互いの説教を批評する
ときに用いうる (よい説教の) 特質のリストをまとめるために、この練習を
用います。わたしたちが探しているもののリストを誰かの独断でまとめるの
ではなく、このようなプロセスによって、自分たちが語り、あるいは聴く説
教を批評する基準のリストを学生自身が自分たちで作り出すことになります。

　最後に、このような練習と取り組むことによって、彼らの中のもっとも経
験のない説教者であっても、説教について、最初に彼らが考えていたよりも
はるかに多くのことを実際に知っているのだということに、気づかされます。
まったく白紙の状態で説教を学ぼうとする者は誰ひとりいません。そうでは
なく、わたしたちは自分自身の説教経験から拾い集めた非常に有益な知識を
持ちながら、この企てと取り組みます。その知識は、わたしたちがこの重要
な任務を果たすうえで、計り知れない価値を持っているのです。

練習問題：よい説教のしるし

　1. これまで聴いた中で最もよかった説教を思い出してください。よかっ
たのは、あなたが聴いた説教か、その説教を語った説教者でしょう。その説

教が、あるいはその説教者がどうしてよかったのかを、1つか2つの文章で書いてください。何がそれをよいものにしたのでしょうか。それをよいものにしている特徴あるいは原則を、できるだけ明確にしましょう。

2.　これまで聴いた中で最も悪かった説教を思い出してください。悪かったのは、あなたが聴いた説教か、その説教を語った説教者でしょう。その説教が、あるいはその説教者がどうして悪かったのかを、1つか2つの文章で書いてください。特に、何がそれを悪いものにしたのでしょうか。

3.　次の（　　　　　）に入る文章を考えてみてください。

　　説教が最も力あるものになるのは、（　　　　　）のときだと思います。

　　説教が最も貧弱なものになるのは、（　　　　　）のときだと思います。

個人と小グループでの考察とディスカッション

それぞれ個人で上記の質問に答えた後、参加者がグループやクラスで学んでいる場合には、3-4人の小グループに分かれて、練習問題の問いに対する答えを、ひとりひとり発表するとよいでしょう。それから、個人で、またグループやクラスの全体で、以下の質問を考えます。

1.　この練習問題との取り組みを通して、説教において鍵となる原則として、何が立ち現れてきましたか。その原則をできるだけ簡潔に、明瞭に述べてみて、それをあなたが語った経験と結びつけてみましょう。

2.　この練習問題と取り組んだことに基づいて、あなたが自分の説教や他の人の説教を批判するときに用いるであろう、最も重要な基準をいくつか挙げてみましょう。

フォローアップ（クラスやグループでの学びのために）

　わたしたちは、この練習問題について学生たちが書いたものを、その授業の終わりに提出させることにしています。次の授業の前に、わたしたちはすべての答えに目を通し、説教の特質として最も頻繁に挙げられている肯定的、また否定的な特質を一覧表にし、それを適切なカテゴリーに分類します。それから学生たちに一覧表のコピーを渡し、それを（学生たちが実際に説教をする）説教の小グループに持って行くように言います。説教批評のプロセスの中で、彼らがそれを用いることができるようにするのです。

　以下に挙げるものは、イェール神学校の入門のクラスから集めた答えをまとめた一覧表のサンプルです。注意して欲しいことは、わたしたちがコースのテキストのひとつであるジョン・S・マクルーアの『説教の言葉——説教学における 144 のキーワード（*Preaching Words: 144 Key Terms in Homiletics*）』（注 1）の参照箇所を合わせて示しているということです。この練習問題を通して知ることができた概念と特質についてさらに知るためです。

「よい説教のしるし」の練習問題に対する学生の応答

1.　説教の多様な目的
聴き手を応答へと動かす——考えや行動、生活スタイルを変えさせる。

わたしたちに問題を突きつけ、切迫感をもってイエスを求め、イエスを知るように勇気づける（文字通り、勇気を与える）。

考え、物語、信念の枠組みを変えることを願い、聴き手を世の中の相互の関わりの中へふたたび招く。

十字架の醜さと、空の墓の美しさを提示する。

み言葉を照らす。

聖書の中にあなたを引き入れる、思い込みを疑ってみるよう迫る、新しい視点と確信を与え、恵みを分け与える。

「真理」を説教する（わたしがそれに同意しなくても）。

知性と感情の両方に訴える。

個人の経験と神の言葉が出会う。

福音と教会に焦点を合わせる。

その日の礼拝のすべての糸を結び合わせる。

頭と心と精神を働かせる。

頭と心のバランスを保ち、多様なレベルの霊的リーダーシップに基づく知性
　を示す。

チャレンジングであり、あなたを考えさせ、変化させる。

現代の課題と取り組み、勇気に満ち、非凡。

びっくりさせる。

当惑させる。

　　説教の目的についてさらに考えたい場合は McClure, pp.118–19 を参照し
　　て、以下を読みましょう。"The New Testament provides several words for
　　preaching, each of which expresses a different purpose..."（新約聖書は説教に
　　ついていくつもの言葉を提供してくれる。それらはそれぞれ別の目的を表現
　　し……）

2.　説教の形もしくはデザイン

コンパクトでクリア。

ひとつの考えを提示する。

知性を刺激し、一貫していて、エキサイティング、肯定的、希望がある。

具体的なイメージを用いる――創造的なイマジネーション、実際の生活から
　取られた生き生きとした事例。

一歩一歩イメージを開示していく。

説教に、明確に言語化された焦点がある。

考えと語り方の理解しやすさ。

長すぎず、短すぎない。

何かの物語、実話、逸話が語られている。

メタファーを用いて、人々が神と命について抱いている考えに再考を迫る。

頭と心の両方を巻き込む。

このことについてさらに考えたい場合、McClureが"form"（形式）について pp.38-39で、"structure"（構造）について p.129で書いていることが、よい出発点になるでしょう。

3. 説教者の人間性と語り方
この説教者は、自分が説教していることを信じている。
説教者自身の経験と神の言葉が出会っている。
説教者が自分の経験から語り、あなたが自分の生活を新しく問い直されて考えるように促す。
情熱的に、教養を示しつつ、メッセージを語る。
彼らの願いと疑問、そして確信の表明に、信頼性と透明性がある。
説教壇でくつろいでいて、対話的。
会衆と共に弱さを持ちつつ、神に開かれている。
自分の存在をかけて説教する。
穏やかで明瞭、しかしエネルギーに満ちている。
アイコンタクトをとっている。
説教者の誠実さが何よりも重要。
静かな恵みにあふれている。
自分自身を神に献げている。
熱心に語る。

McClureの本の目次に並んでいる用語を見れば、その中にはあなたの洞察力に働きかけるものがあるでしょう。たとえば"authenticity"（信頼性 pp.5-6）、"delivery"（伝え方 p.20）、"disclosure"（自己開示 p.122）、"voice"（声 pp.144-45）など。

4. 会衆の役割
会衆について知っていること、会衆と関係があることを明らかにする。
聴き手とパーソナルな結びつきを築く。

説教を聴く教会が特に必要としていることを語りながら、み言葉を宣言する。

会衆の共同体としてのあり方に対して語る。

説教を聴くことが説教を語るための備えとなる。

聴いている者が刺激を受けて考え、行動する。

説教の出来事は、語り手と会衆の共同作業で起こる。

聴き手は抽象的な概念と格闘する中で行為へと招かれる。

聴き手は解釈することが許される。

説教は教会のために、同じ感情を味わう体験を創り出す。

親しみをもって聴く。

教会のニーズに応える。

> この問題をさらに考えたい場合は、McClure の pp.16–17 "congregational study"（会衆の研究）を読み、学期の終わりにはこれと関連して "contextual preaching"（文脈的説教）を読むとよいでしょう。

5. 説教における聖書と神学の位置、およびそれらがどのように用いられるか

人々を居心地のよいところから愛をもって連れ出すために聖書と経験を用い、彼らに変化をもたらすために現実の義の問題を語る。

伝統とテキスト、そして今の現実のバランス。

説教がキリストの愛とわたしたちの破れの現実を結びつけ、そして神が徹底してわたしたちを追い求めてくださることを描く。

説教は、聖書テキストと現代の生活の両方に基づいていなければならない。

聖書の言葉を丁寧に読むと、それがわたしたちの生活とどのような関わりがあるかについての議論へと招かれる。

聖書が説教を導く。

> McClure は "biblical preaching"（聖書の説教 p.10）、"hermeneutics"（解釈学 p.47）で、これらの関心を深めるのに役立つことを書いています。

6. 聖霊と説教

説教者は準備をするが、同時に聖霊が働いてくださる余地を残しておく。

祈り、自分で準備し、自分を神への献げ物として提示する（神が大きくなられるように、自分を小さくする）。

説教という行為の中に聖霊が留まって、ひとりひとりを共同体の中に連れ込んでくださる。

注

1. John S. McClure, *Preaching Words: 144 Key Terms in Homiletics* (Louisville, KY: Westminster John Knox Press, 2007).

第2章　説教における多様性

　説教を教えることを何年も続けてきて、わたしたちが知り得たことのひとつは、説教がどのように見え、また聞こえるべきかということについて、学生たちが幅広い理解の仕方をしているということです。例えば、説教者は説教壇から原稿を用いて説教すべきか、あるいはメモなしに会衆席の中央に立って説教すべきか。説教は10分以内に終わるべきか、あるいは説教者にとって25分や30分はメッセージに入るためのウォーミングアップに過ぎないものか。説教者は、その日に読まれる聖書日課の福音書か書簡に焦点を合わせて説教すべきか、それとも常にヘブライ語聖書からも語るべきか、あるいは説教のための独自の聖書日課を作るべきか。説教者は説教壇で豊かな感情表現をすべきか、それとも感情表現を抑えるべきか。

　説教についてあらかじめ持っているこのような理解の違いが、学びから説教へ向かうプロセスの早い段階で知られ、明らかにされることは、極めて重要です。それには多くの理由があります。

　第1に、説教を学ぶクラスが学生に与える大きな賜物のひとつは、説教の仕方の多様性を深く知ることのできる機会を与えることです。その多様性の中で、教派や文化、伝統を超えて、力のある説教が生まれるのです。説教するための「ただひとつの正しいやり方」はありません。実際に、力ある説教のスタイルは無数にあります。そして読者であるあなたが、それらのいくつかを知ることは、説教がどのようなものでありうるか、また何をなしうるかについてのあなたの理解を広げてくれるだけでなく、あなた自身の説教の

新しい可能性をも開いてくれるのです。

　第2に、クラスやグループの中で誰かが自分の説教を発表するとき、真空状態の中から語り出すのではありません。説教はどうあるべきか、何をすべきかについての前提と理解のすべてをもって語るのです。そしてその理解は、彼らが福音をどのように語るかに、非常に大きな影響を与えます。このような理解を明らかにすることによって、わたしたちは相手の立場に立って説教を聴くと同時に、その説教が作り出される背景を深く捉えて聴くことができるようになります。

　第3に、多くの牧師たちが招きを受けて、自分の伝統とは違う、これまで経験したことのない状況の中で説教することがあるでしょう。例えば、教派を超えた人々の集まりとか、エキュメニカルな礼拝、他教派の礼拝堂での礼拝、あるいは礼拝堂ではないところで行われる礼拝などです。他の人々の習慣に心を開くことは、わたしたちがもっと柔軟になることを助け、わたしたちが説教にアプローチするときに「両手が使える」状態にしてくれます。

　最後に、わたしたちは、多くの種類の信仰の伝統に対して、非常に多くの無理解や誤解がある世界に住んでいます。わたしたちがお互いに対し、また説教の違いを尊重することによって得られる新しい学びに対して、心を開くにつれて、わたしたちを分断する敵意の壁を壊すことができるでしょう。その壁のために、わたしたちはあまりにもしばしばけんか腰になって、破壊的な方法でお互いに闘ってきたのです。説教における多様性を扱う中で、わたしたちは、神が創造された世界の中にある多様性と取り組むという、より大きな神学上の問題に対する洞察を得ます。これは容易なことではありませんが、しかし重要な働きです。というのは、エレアザル・S・フェルナンデスが指摘している通り、わたしたちの社会には多様性を覆い隠してしまう傾向があるからです。

　　多様性に直面したときに、アメリカの説教壇で共通してなされることは、（例えば、神の前における平等のような）一般論を語ることです。それは、普遍的であることを装うときに、最も頻繁に現れる特徴的な視点です。この種の講話は、その意図と結論において「同化主義」であり、

「メルティング・ポット（るつぼ）」です。

　他方、インドの人々の考え方は説教者にとって有用なアプローチを与えてくれます。多様性は、共通分母や一般的な抽象論に矮小化されることはありません。……神の愛は単色で画一的なものではなく、人々の状況に応じて多様な表現がなされます。これはアジア系アメリカ人にとって、彼らの経験から形作られた考え方なのです（注1）。

それゆえ、説教の多様性を重んじ、そこから学ぶことは、説教を通して神の愛を、「単色で画一的なもの」としてではなく、その「多様な表現」において提示する能力を開発する、ひとつの方法です。

　以下に記したのは、説教が何であり、何をするべきかについて、自分の思い込みや理解を引き出して、その結果を他の人と分かち合うための練習です。中には、自分にとって第一の教派的伝統をすぐにでも挙げることができる人もいるでしょうし、多くの様々な教派に属してきたために、どれかひとつを挙げることに困難を感じる人もいるでしょう。さらに、自分の属する教派を変えようと考えているために、あるいは、どれかひとつの教派には落ち着いていないために、困難を感じる人もいるでしょう。この練習の目的のために、わたしたちは、まだ最終的に自分が属すると決めていないとしても、自分が問いに答える足場となる教派や視点をひとつ選ぶことを勧めます。これによって、より明確で具体的な答えができるようになるでしょう。いま自分に最もしっくりくる教派的伝統と、最もよく自分の心と考えを捉える説教のスタイルを選んでください。

練習問題：わたしたちが説教に期待することの多様性を調べる

　あなたの経験の光の中で、そして最も親しみのあるスタイルの説教の光の中で、ある説教者の説教を聴き、見るときに、その説教、または説教者に対してあなたは何を予想し、また期待しますか。

　クラスメートとの話し合いを助ける、以下の質問に答えてください。

　（番号は単なる便宜的なものです。順序と重要性には何の関係もありません。伝統によって、説教のどの要素が大事か、あるいはそうでないかが違います）

　1. あなたは、説教者が自分で説教のテキストを選ぶものだと思いますか。それともテキストは聖書日課によって決められるものですか。説教のテキストとしてまず考えるのは旧約聖書か、新約聖書か、書簡か福音書か、それとも礼拝で朗読される4つのテキスト全部ですか。これらすべてが説教のテキストとしてまったく同等に選ばれるものだと思いますか。

　2. 説教の長さは、どれくらいだと思いますか。

　3. どのような構造の説教を期待しますか。論理的な議論か、物語か、メタファーを用い、またイマジネーションに訴えつつ語られる詩か。ある特定の聖書テキストを1節ずつ説いていくものか。現代の問題や神学的なテーマ、またはその他の事柄（　　　　　　　　　　）を扱ったものか。

　4. 説教の中で、神がどのようなメタファーで、あるいは名前で表現されると思いますか。父、母、羊飼い、愛、光、イエス、キリスト、聖霊、聖三位一体、その他（　　　　　　　　）

　5. 説教者は完全原稿を持っているでしょうか。あるいはメモか、メモなしか。説教者は何らかのビジュアルなツールを用いますか。パワーポイント、ビデオクリップ、小道具、その他（　　　　　　　　　　）

　6.　説教者は自分の声をどのように用いると思いますか。語り口は基本的に対話的で、声の大きさの幅は小さく、日常会話の調子で話すでしょうか。それとも、話す速さや声の大きさが、内容によって大きく変わりますか。例えば、説教が展開されるにつれて声を大きくしたり小さくしたりするでしょうか。

　7.　説教者は自分の体をどのように用いると思いますか。座って話しますか、それとも立って話しますか。身ぶり手ぶりを多用して、体を大きく動かしますか。基本的にじっとしたままですか。説教者はアイコンタクトをしますか、それを避けますか。説教者は説教壇で話しますか。それとも内陣か、会衆の間を歩きまわりながら話しますか。それとも（　　　　　　　　　　）

　8.　説教者は自分の感情を、どの程度自由に表現すると思いますか。説教者はどれくらい自分を表すでしょうか。まったく表さないか、ある程度表すか、大いに表すか。その説教は心に訴えるものか、知性に訴えるものか、その両方に訴えるものか。

　9.　説教で何が成し遂げられると思いますか。キリストを信じる信仰への回心か。神との個人的な関係の深まりか。知識が増えて成熟した信仰になることか。一緒に礼拝している人々の仲間意識か。社会正義の確立か。教会を力づけて使命を果たさせることか。それとも（　　　　　　　　　　）

　10.　説教は礼拝の中の何に会衆を導くと思いますか。献金か、悔い改めへの呼びかけか、聖餐式か、祈りか、賛美歌か、応答頌歌（アンセム）か、あるいは（　　　　　　　　　　）

　11.　あなたの教派では会衆はどのようにすると思いますか。声を出して説教に応答するか。沈黙したままか。礼拝後、説教について思い巡らすか。

12. あなたの教派では、説教者は、教会の中で、あるいは教会を超えた交わりの中で、どのような存在だと思われていますか。説教者は学者でしょうか。活動家か、牧師か、預言者か、霊的指導者か、道徳的な権威か、あるいは（　　　　　　　　　　　　）

13. 以上の質問に対する答えを読み返して、自分が説教者となったときに、あなたが見習いたいと望むものがありますか。あるいは修正したいもの、まったく避けたいものがありますか。

グループでの考察とディスカッションのために

1. これらの問いに対するグループの答えから、最も重要な類似点と相違点だと思われるものは何ですか。

2. あなたが、これまで知らなかった説教の習慣や、説教に対する他の教派の考えがあることから、何を学びますか。

3. グループの中にいる、他の教派のメンバーの教会で説教することになったとしたら、あなたにとって一番難しいことは何ですか。

注

1. Eleazar S. Fernandez, "A Filipino Perspective: 'Unfinished Dream' in the Land of Promise," in *Preaching Justice: Ethnic and Cultural Perspectives*, ed. Christine Marie Smith (Cleveland, OH: United Church Press, 1998), 63–64.

第**3**章　説教のための創造的な聖書の読み方

　この章で紹介するのは、説教準備のための創造的な聖書の読み方で、神学的な訓練を受けている人にも、そうでない人にも有用なものです。この読み方は、次の章で議論することになる歴史的・批判的な聖書解釈に代わるものではありません。しかしながら、これは聖書テキストとの最初の出会いを得、また説教にとって特別に刺激となるやり方でテキストを見るための、創造的な方法です。この方法は、聖書学者であるウォルター・ウィンクが、その著書『変化を起こす聖書の学び——指導者のための手引き（*Transforming Bible Study: A Leader's Guide*)』（注 1）の中で紹介し、展開しているものです。ここではウィンクに多くを学びながらも、彼の説教創作の方法を、個人にもグループにも使えるように改訂し、変更しています。

　わたしたちが人数の多い教室でこの方法を用いるときは、次のようにするのが効果的でした。クラスを半分に分け、学生たちは中央の通路をはさみ、向かい合って座ります。わたしたちふたりはそれぞれ教室の端に立ち、授業の進行に応じて学生たちを指導します。わたしたちは交互に聖書の本文を読んだりディスカッションのための質問を出したりします。

　この聖書研究の方法を紹介することは、同時に、説教に関連するいくつかの重要な原則を紹介することにもなります。それらの原則はその精神において、多くのラビが用いてきた聖書解釈の方法に近いものです。ラビたちが、創造的なイマジネーションと、聖書の言葉の最も小さな細部にまで払われる細心の注意とをいかにあわせ持っているかについて、アレクサンダー・

ディーグが記事を書いています（注2）。この、イマジネーションを働かせながら聖書の細部を読み取ることは、しばしば、信仰生活と神の性質についての衝撃的な洞察をもたらします。それは、よい説教の糧となる洞察です。ディーグは「イマジネーションと緻密さは、簡単には一緒になりません。でもわたしは、イマジネーションと緻密さが、特に聖書解釈と説教行為においては一緒になると信じています」（注3）と言っています。ディーグが挙げている例の中で特に記憶に残るのは、ヤコブの夢の物語をユダヤ教のラビが解釈しているものです。夢の中でヤコブは、地上から天に伸びる階段を見るのですが（創世記 28:10-22）、ディーグの指摘によれば、ラビは

　　　テキストの元来の意味や全体的な意味を問うのではなく、テキストの中に新しい発見をすることから始めます。そのために、彼らは 12 節にあるような小さな事柄に注意を向けます。そこでは、ヤコブは天使たちが階段を「上ったり下ったり」しているのを見ます。「上ったり下ったり」とは驚くべきことです、とラビは言います。人はそれとは反対のことを予想するのではないでしょうか。天使たちは「上から」、すなわち天から来て、それから地面に降りてくるのではないか〔つまり「下ったり上ったり」が正しいのではないか〕と。しかしここに書かれた「上ったり下ったり」という細部に注目するならば、天使はヤコブといつも一緒にいたことになるのではないでしょうか。ヤコブが見知らぬ地に逃げていく間、天使はそこにいたことになるのではないでしょうか。そうするとこれは、わたしたちのような道徳的に欠点のある者たちにとって無意味ではないことになります。その通り、それはまさにそういうことになりうるのだ、とラビは言うのです（注4）。

「テキストの中に新しい発見をする」ことは、説教者が全生涯にわたって磨き上げるべき、欠かせない技能です。そのためには、テキストに密着し、細心の注意を払ってそれを読むことが求められます。このことは、わたしたちにとっては難しいことです。わたしたちは多くの場合、そのテキストも、それが意味していることも、すでに知っていると思い込んでいるからです。

わたしたちはすでに何度もその箇所を読んでおり、またその箇所を説いた説教を何度も聞いているので、わたしたちの意識の中では、そのテキストの内容が陳腐なものになってしまっているのです。しかし、わたしたちの説教にイマジネーションを与え、聖書の言葉を通して息づいている生ける聖霊に対して自分自身を開かせるのは、それらの細部なのです。

　ここで、ラビがヤコブの物語から発見したもうひとつの例を紹介します。説教の可能性を豊かに秘めた発見です。

　　ヘブライ語のテキストを丁寧に読んでみると、ヤコブが階段の夢を見た夜に、驚嘆すべき出来事が起こっています。その夜、ヤコブはその周辺からいくつかの石を集めてそれを枕にします（創世記 28:11）。しかし朝になって彼が取り出したのは「頭の下の石（単数形）」でした（18 節）。11 節と 18 節の間に、つまりベテルでの一夜の間に、多くの石がひとつの石になっていたのです。「なぜこうなったのか」とラビたちは問います。そして彼らは様々な答えを出します。その一つは次のようなものでした。

　　「それから多くの石がお互いに争いを始めました。ひとつが言います。『この義人の頭をわたしの上に置くように』。すると他の石が言います。『いや、わたしの上に』。そうしているうちに、多くの石は合体してひとつの石になったのです」。

　　夢を見、声を聞いたベテルでの特別な夜も、そこでの神の特別な近さも、石の間でなされた、誰が一番偉大かという議論を許容しないでしょう。一種の終末的な平和が、その夜の間に実現したのです。神が語られるところでは、争いは終わります。その争いが、石の間での議論であるならば、被造物は平和に到達するのです（注 5）。

聖書テキストのひとつの細部と丁寧に向き合うと、「多くの石」から「ひとつの石」への変化は、説教のイマジネーションを刺激して、豊かな可能性を生み出します。大地と天が結びつけられたときに、ばらばらだった被造物がひとつになるのです。テキストの中にそのような発見をすることこそ、ま

さにウォルター・ウィンクの聖書研究のやり方がもたらすものです。

　ウィンクの方法がもたらすもうひとつの益は、それが教会の中のグループ
での学びでも、容易に用いられることです。グループでの聖書研究の手段
としても、また会衆を招いて、説教準備の過程に彼らを参加させる場合に
も、用いることができます。わたしたちはこの数十年で、説教とは説教者
が会衆に対してなす行為ではなく、会衆とともに会衆を代表してなす行為
なのだとわかってきました。説教は信仰共同体で生活を分かち合うことから
生まれるもので、しばしば、その聴き手たちが説教準備に能動的に関わると
きには、彼らの信仰の土台により近く留まるものです。説教学者であるルー
シー・ローズとジョン・マクルーアは、教会の中の多様な背景を持つメン
バーが、丸いテーブルを囲んで行う聖書研究を提唱しています。彼らとの話
し合いは、説教者による説教準備の過程のひとつになるのです（注6）。ウィ
ンクの聖書研究の方法は、そのようなグループでの会話の始まりとして用い
ることができます。

このような聖書研究の基本的なルール

　1．直前に出された質問にのみ答える。

　2．後の節に出てくることや、聖書の他の箇所へとジャンプしない。今読
んだ部分、聞いた部分だけを扱う。

　3．グループの他のメンバーとまったく違う答えを持っている場合には、
それを発表して皆で分かち合う。しかし、どれが「正しい」答えかという議
論はしない。

　リーダーはこのルールがきちんと守られるように心を砕きます。先を急
いで、「でも後の方にはこう書いてある」というような話が出されると、そ
れは新しい発見の息を止めてしまうからです。新しい発見は、立ち止まって、
よく考えることを求められた箇所の細部に留まることからのみ、生まれるも
のです。それぞれの言葉に忍耐強く留まり続けるラビに倣う必要があります。

　同時にリーダーには、グループ全体の対話が穏やかに進むようにする責任

があります。そのために、多様な意見を持つ多くのメンバーが発言できるように、同時に、学びが前に進み、与えられた時間内に結論に達するように心を用います。

練習問題：ウォルター・ウィンクの聖書研究の方法

与えられたテキストを読む

　個人またはグループのリーダーは、まずマルコによる福音書2章1–12節を、声に出して読みます。友人たちによって屋根の上からつり降ろされた中風の人を、イエスが癒やされた話です（注7）。この話をグループの中で読む場合、参加者たちは目を閉じ、物語が展開していくにつれて、イマジネーションの中で各場面を思い浮かべられるようにするとよいでしょう。

テキストを1節ずつ考察する

　次に、個人またはグループのリーダーは、物語を1節ずつ（あるいは必要があれば節の中でも区切って）ゆっくりと読み、以下の問いをひとつずつ考察する時間を取るようにします。グループで行う場合には、初めに個人で問いを考察する時間を取り、それからグループで考察する時間を取ります。

聖書の学びと取り組む（各自で）

1節「数日後、イエスが再びカファルナウムに来られると、家におられることが知れ渡り、」

　あなたはイエスが家に戻られたという知らせを聞きました。この知らせについて考えることを書きましょう。

2節「大勢の人が集まったので、戸口の辺りまですきまもないほどになった。イエスが御言葉を語っておられると、」

　あなたは群衆の中のどこにいますか。イエスの近くか、真ん中か、端の方

か、遠く離れているか。

あなたは何を見ていますか。

何を聞いていますか。

何を考えていますか。

3節「四人の男が中風の人を運んで来た。」
　少しの間、あなたは中風の人を運んできた人たちのひとりです。この時点で、あなたはイエスのところにたどり着けないということを知りません。
　友人たちと一緒に中風の人を運ぶことは、どういう経験ですか。

　運びながら、何を考えていますか。

　次に、役割を変えます。あなたは中風の人です。
　運ばれることは、どういう経験ですか。

　運ばれながら、何を考えていますか。

4節a「しかし、群衆に阻まれて、イエスのもとに連れて行くことができなかったので、」
　群衆に阻まれています。あなたは4人の友人たちのひとりです。
　あなたの最初の反応と、この状況に対処するために思いついた方策はどういうものですか。

4節b「イエスがおられる辺りの屋根をはがして穴をあけ、」
　あなたは屋根に穴をあけています。
　あなたは何を考えていますか。

4節 c「病人の寝ている床をつり降ろした。」

穴があいて中風の友人をつり降ろすとき、あなたは何を考えていますか。

役割を変えます。あなたは中風の人です。
あなたの最初の反応は？

屋根に穴があけられているときには？

つり降ろされているときには？

5節 a「イエスはその人たちの信仰を見て、」

誰の信仰が見られているのでしょうか。「その人たち」とは誰ですか。

ここで言われていることの重要性は何ですか。

5節 b「中風の人に、『子よ、あなたの罪は赦される』と言われた。」

あなたは4人の友人たちのひとりとしてこの言葉を聞きました。
あなたの反応は？

役割を変えます。あなたは中風の人で、この言葉を聞きました。
あなたの反応は？

6、7節「ところが、そこに律法学者が数人座っていて、心の中であれこれと考えた。『この人は、なぜこういうことを口にするのか。神を冒瀆している。神おひとりのほかに、いったいだれが、罪を赦すことができるだろうか。』」

あなたは律法学者です。
あなたの人生でもっとも大切なものは何ですか。

どんな理由で、あなたはイエスのなさっておられることに懸念を抱いてい

るのですか。

8、9 節「イエスは、彼らが心の中で考えていることを、御自分の霊の力で
すぐに知って言われた。『なぜ、そんな考えを心に抱くのか。中風の人に
「あなたの罪は赦される」と言うのと、「起きて、床を担いで歩け」と言うの
と、どちらが易しいか。』」

あなたはまだ律法学者です。

イエスがあなたの考えていることを話したときの、あなたの反応は？

あなたの疑問にイエスは何と答えましたか。それはどうしてですか。

役割を変えます。あなたは中風の人の友人で、イエスと律法学者の会話を
すべて聞いていました。

あなたは何を考えていますか。

あなたの言いたいことは何ですか。

役割を変えます。あなたは中風の人です。

あなたは何を考えていますか。

あなたの言いたいことは何ですか。

10、11 節「『人の子が地上で罪を赦す権威を持っていることを知らせよう。』
そして、中風の人に言われた。『わたしはあなたに言う。起き上がり、床を
担いで家に帰りなさい。』」

あなたは律法学者です。

イエスの言葉から何を聞き取りますか。

あなたは中風の人の友人です。

あなたはイエスの言葉から何を聞き取りますか。

あなたは中風の人です。

あなたはイエスの言葉から何を聞き取りますか。

イエスの言葉に対して、以下の人たちはどう反応しますか。

群衆

律法学者

友人たち

中風の人

12節「その人は起き上がり、すぐに床を担いで、皆の見ている前を出て行った。人々は皆驚き、『このようなことは、今まで見たことがない』と言って、神を賛美した。」

群衆や律法学者、友人たち、中風の人の反応はどのようなものですか。

考察：個人とグループに対する結びの問い

1.　数分の時間をとり、このテキストについての説教を展開する可能性のあるアイディアをひとつ見つけ出しましょう。それを皆に発表しましょう（グループの場合）。

2.　聖書テキストからの説教を準備するというこの練習問題を通して、あなたが学び取ったことは何ですか。

さらなる考察のために

この聖書テキストは、説教者に対して、多くの牧会的また神学的な課題を突きつけます。会衆の中に、癒やしを求めながらそれを得られない人がいる場合に、わたしたちはイエスによるこの癒やしの物語を、どのように説教しますか。「癒やし（healing）」と「治療（cure）」の違いは何ですか。罪と病気の関係はどのようなものですか。

キャシー・ブラックの著書『癒しの説教学――障害者と相互依存の神学（*A Healing Homiletic: Preaching and Disability*)』は、このような問題についてさらに深くわたしたちが考えるときに助けになる優れた本です。彼女は言います。「治療がすぐには不可能であるときに、支持して受け入れてくれる教会によって、また（神の強さと、他の人々の支持に支えられて）厳しい時を乗り越えるわたしたち自身の能力によって、さらに、わたしたちに開かれている、これまでとは違った新しい可能性によって、癒やしが起こりうるのです」（注8）。

　彼女はまた、マルコによる福音書2章のこの物語の学びに、「麻痺（Paralysis）」という章のあるセクション全体を充てています（注9）。

注

1.　Walter Wink, *Transforming Bible Study: A Leader's Guide* (Nashville: Abingdon Press, 1980).

2.　Alexander Deeg, "Imagination and Meticulousness, Haggadah and Halakhah in Judaism and Christian Preaching," *Homiletic* 34:1 (2009), 1–11, http://www.homiletic.net/index.php/homiletic/article/view/33151544. わたしたちがアクセスしたのは2013年7月1日〔2024年2月現在は以下のURLからアクセスできる。https://ejournals.library.vanderbilt.edu/index.php/homiletic/article/view/3315〕。この部分はディーグの研究に大いに拠っている。

3.　Ibid., 2.

4.　Ibid., 5. 強調は筆者による付加。

5.　Ibid., 5. 創世記28章11節の複数の石と、28章18節の単数の石の区別は、欽定訳聖書（King James Version, KJV）では残されているが、新改訂標準訳聖書（New Revised Standard Version, NRSV）では消えている。ラビ文献からのディーグによる引用は、*The Book of Legends/Sefer ha-Aggada: Legends from Talmud and Midrash,* by Chajim Nachman Bialik and Yehoschua Hana

Ravnitzky (New York: Schocken, 1992), 45 より。

6.　右を参照されたい。Lucy Atkinson Rose, *Sharing the Word: Preaching in the Roundtable Church* (Louisville, KY: Westminster John Knox Press, 1997) と John S. McClure, *The Roundtable Pulpit: Where Leadership and Preaching Meet* (Nashville: Abingdon Press, 1995).

7.　この部分は、ウィンクの著書だけでなく、ウィンクがまさにこのテキストで指導した聖書の学びに参加したわたし（トム）の経験にも拠っている。だいぶ前のことで、彼が初めてこの方式を開発したときであった。

8.　Kathy Black, *A Healing Homiletic: Preaching and Disability* (Nashville: Abingdon Press, 1996), 42.〔ブラック『癒しの説教学——障害者と相互依存の神学』川越敏司／飯野由里子／森壮也訳、教文館、2008 年〕

9.　Black, *A Healing Homiletic*, 104–23.〔同書〕

第<big>4</big>章　説教のための聖書釈義

　説教のために聖書テキストを読み、解釈する方法は、たくさんあります。そのうちのひとつは、第3章で紹介したウォルター・ウィンクの聖書研究法で、それはラビたちの聖書解釈法と多くの類似点があります。その方法は、わたしたちとテキストの間にある歴史的な距離を取り去り、わたしたちをテキストの世界に招き入れ、様々な人物の立場に立って、事の成り行きに注意を払い、イマジネーションを持って彼らのことを考えるように導きます。

　第2の方法は、歴史的・批判的な聖書解釈の方法です。それは、テキストとの間に距離を置くことを要求するので、わたしたちはそこに込められている意味をさらに深く理解するために、その歴史的な状況や、著者、原語での言葉の意味、正典としてのコンテキストを問います。この方法は、自己流解釈（すなわち、テキストの中に自分の言いたいことを読み込んでしまうこと）を防ぎ、前章で略述したようなイマジネーションに富んだアプローチと、批判的な聖書学という最善のツールのバランスを取るための助けになります。それらは互いに対立する関係にあるのではなく、生ける神の言葉を聴くために、互いに補い合う関係にあります。どちらの方法も、学者たちが「解釈学」と呼ぶもののひとつの形なのです。ジェームズ・アール・マッセイは「聖書解釈学は、聖書の性質、射程範囲、意味を扱うために必要な基本的な理解を与える。……簡単に言うと、解釈学はテキストの中にある意味を探し、見出し、それを自分自身の文化的コンテキストに結びつけ、それに当てはめるための科学であり、方法である」（注1）と言っています。信頼できる説

教者は、様々な形の解釈法を用います。「聖書テキストを解釈する唯一絶対の方法はない」（注2）ということに気づいているからです。

　説教学者であるフレッド・クラドックは、説教者が説教の準備をするときに、文字通りの意味でも比喩的な意味でも、座るべき3つの椅子があると語ったことがあります。第1の椅子は安楽椅子で、説教者は祈りつつ、テキストとの最初の出会いをします。そして聖霊の導きを求めながら、説教準備の任務に臨みます。これは *lectio divina*（注3）（霊的読書）のように、言葉の前に立ち止まり、現代の生活に生かせるその意味を熟考する読み方や、あるいはウィンクが提唱しているような種類の聖書の学びにふさわしい椅子です。

　第2の椅子は、書斎か学習机の椅子です。ここでは、牧師は手許にあるすべての注解書や研究書を目の前に並べたり、長らく参照してきて信頼できまた健全であることがわかっている好みのウェブサイトを訪れたりします。またテキストに対して真剣な学問的調査をし、生涯をかけて聖書の研究をしている著者たちと対話します。

　最後の椅子は、書くための椅子です。それはしばしばコンピュータの前にあります。そこでは牧師は実際に説教を作ります。説教で語る題材の中に、第1と第2の椅子で得られた洞察を持ち込み、「当時」と「今」との間をつなぎます。

　この章では、歴史的・批判的な解釈の方法が第2の椅子においてどのように効果的に用いられるかを示すために、ひとつの課題としてフィリピの信徒への手紙2章1–11節についての説教の準備と取り組みます。これらの方法は、あらゆる説教者にとって不可欠のツールです。というのは「聖書テキストが語っていることと、それが語っていると聞かされてきたことを同一視してしまう傾向は、聖書の自由な解釈に向かう道に置かれた最大の障害物のひとつ」（注4）だからです。歴史的・批判的な方法は、聖書の言葉を「それ自身の歴史的な状況の中に置いて、そのテキストにおける神の行為の方向を問う」助けとなります。「そのあとで、そしてそのあとでのみ、わたしたちはテキストを自分たちの時代に適用する道を探すことができるのです」（注5）。

フィリピ書のテキストの釈義と取り組むときにわたしたちが用いたものは
ほとんど、自分の書斎の書棚にあって手に取ることができる書物です。わた
したちは同時に、学びのための時間を2時間に制限しました。忙しい牧師
の生活の中で、聖書の釈義に充てられる時間に合わせたのです。

　この演習の終わりに、フィリピ書のテキストと、歴史的・批判的な取り
組みをした結果与えられた説教の主題となりうるものを発表してもらいま
す。ですから、釈義の過程を追いながら、説教の可能性を考え続けてくださ
い。中には誤った印象を持っている人がいて、釈義が終わった後でなければ、
説教について考え始めることはできないと考えていますが、実際には、経験
豊富な説教者は、しばしば学問的な研究と説教のための考察を同時に行って
います。もし説教のアイディアが浮かび始めたら、それを書き留めるのです。
いずれ、説教のためのある特定の方向を選び取らなければならなくなります。
しかしこの時点では、学びの中で気づかされる様々な可能性を広げたままに
しておくことが、より重要です。

説教のテキストに対する歴史的・批判的な釈義と取り組む

フィリピの信徒への手紙 2 章 1–11 節

1）複数の翻訳でテキストを読む

　以下のページでは、フィリピの信徒への手紙 2 章 1–11 節について、3 つ
の異なった翻訳を取り上げます。NRSV と KJV と *The Message*〔神学者ユー
ジン・ピーターソンの翻訳した聖書〕です。ここに NRSV が含まれているのは、
聖書学者たちがチームを組んで翻訳したものであり、学問研究の観点からも
好ましい翻訳を代表するものだからです。KJV が含まれているのは、それ
が歴史的な翻訳であり、多くの場合に礼拝における第一の聖書として今でも
用いられ、愛されているからです。多くの年配の信徒たちが、しばしば暗記
している翻訳でもあります。最後に *The Message* を加えました。ひとりの解
釈者によってパラフレーズされた聖書を代表するものだからです。学問的な
研究には不向きですが、聖書の言葉遣いと、その言葉を現代の生活で用いる

ことについて、新しい可能性を開いてくれます。

　グループで学ぶ場合には、まずリーダーが NRSV のテキストを声に出して読み、聞いている人たちは他の翻訳のひとつを目で追います。そのようにしながら、ふたつの翻訳でテキストがどのように英語に訳されているか、大きく違っている箇所を書き留めます。

　個人でこのワークブックを用いている場合には、まず NRSV のテキストを読み、続いて他の翻訳のひとつか両方を読んで、最も大きな翻訳の違いを書き留めます。

2）テキストを読んだときの自分の最初の反応を、（クラスの場合）小さなグループで討議する、あるいは自ら確認する

　テキストが読まれるのを聞いてどのような疑問が心に起こり、テキストの学問的な学びを通してさらに深く探究してみたいと思いましたか。

3）聖書を学問的に研究している資料を集める

　この章を書くために用いた標準的な資料は以下の通りです。参考になる書物の数は膨大ですが、多くの教派の説教者たちに用いられている信頼できる資料として、これらを選びました。

HarperCollins Study Bible

Harper's Bible Dictionary

Harper's One-Volume Bible Commentary〔邦訳『ハーパー聖書注解』教文館、1996 年〕

Philippians, Interpretation: A Bible Commentary for Teaching and Preaching〔邦訳『現代聖書注解　フィリピの信徒への手紙』日本キリスト教団出版局、1988 年〕

The Women's Bible Commentary〔邦訳『女性たちの聖書注解』新教出版社、1998 年〕

Feasting on the Word, Year B, Vol. 1

4) 誰が、いつこの手紙を書いたか

HarperCollins Study Bible によると、パウロが、マケドニア州にあるローマの植民市であったフィリピに住むキリスト者にこの手紙を書きました。パウロはその数年前（CE50年ごろ）2回目の伝道旅行のときに（使徒16:11-40を参照）テモテ、シラス、および他の同行者と共に、この町を訪れています。彼はその地に教会を建てており、その教会員に対してパウロは特別な愛を抱いています。パウロは投獄されている最中にこの手紙を書きました。それがどこであったか確かではありませんが、恐らく50年代後半か60年代の初めであろうと思われます（注6）。

5) フィリピはどんな町であったか。そこでの人々の暮らしや文化はどのようなものであったか

フィリピの信徒への手紙を読むときに、わたしたちは他人の手紙を読んでいるのです。パウロはこの手紙をわたしたちに宛てて書いたのではなく、フィリピの教会のメンバーに宛てて書きました。他人の手紙を読むと、当惑することがあります。わたしたちがまったく知らない人々や出来事、場所や、考え方について、送り手も受け取り手も既知のこととしていることがよくあるからです。送り手や受け取り手にとっては完全に理解できる文章が、わたしたちを戸惑わせ、自分が読んでいるこの言葉の背景には何があるのだろうかと思い巡らさずにはいられなくなるからです。わたし（トム）は、以前、小さな夏用の別荘を借りて、アンティークの机の上に並べられた葉書を読んだときのことを思い出します。それらの葉書は80年ほど前にヨーロッパからアメリカに送られてきたものでした。ほとんどの葉書に「わたしはエマを誇りに思います」とか「エマについての知らせから立ち直ることができません」と書いてあります。でもどの葉書にも、エマに何が起こったのかは書かれていませんでした。それと同じことが、わたしたちがパウロの手紙を読むときにも時々起こります。わたしたちは、彼の言葉の背後に何があるのだろうかと思い巡らすのです。

そのギャップを埋めるひとつの方法は、手紙が送られたその町について、またその地域について調べることです。例えば、わたしが聖書辞典でフィリ

ピについて調べると、こう書いてあります。「ローマの強い影響下にあった
にもかかわらず、多様な宗教生活があったことを見ると、そこの住民たちは、
市民ではない人たちを含め、様々な背景を持った人々であったことがわかる。
ユピテルやマルスのようなローマの神々を拝む祭儀も行われていたが、トラ
キアの女神であるベンディスも人気があったし、エジプトの神々や、フリギ
アの女神であるキュベレの神殿もよく知られていた」（注7）。このような情
報は説教の可能性を豊かに秘めています。説教者は、その古代の町を特徴づ
けている多元的な宗教文化を描き出すことによって、パウロの手紙を生き生
きと語ることができます。

　例えば、ユピテルに献げられた祭儀が行われている町で、パウロの手紙が
朗読されるのを聞くことが、どのようなことであったかを想像してみましょ
う。ローマ帝国の支配下にあって、ユピテルは「その卓越した地位と卓越
した力の行使によって町を保護する者として支配的な地位にあった」（注8）
のです。そしてパウロの手紙が朗読され、キリストが「神の身分でありなが
ら、神と等しい者であることに固執しようとは思わず、かえって自分を無に
して、僕の身分になり」と言われるのを聞いたときに、それが自分たちの
知っているユピテルとは決定的に違うものとして、恐らくは困惑させるもの
として、人々の耳にどれほど強く響いたかを考えてみましょう。ユピテルの
卓越した力の神学で育てられてきた古代フィリピの住民たちは、自分を無に
されたキリストの行為に戸惑ったことでしょう。そしてそれは、力に取りつ
かれた現代の競争社会の中で生きている多くの人々も同様です。

　パウロの手紙を、その歴史的な背景の中に置くことは、そうしなければ失
われてしまっていたであろう説教の可能性を開いてくれます。学者たちは普
通、説教を創り出すために必要な、古代の状況と現代の生活を結びつけるこ
とをしませんが、その手紙の受け取り手が生きていた社会の状況について、
わたしたちが想像力を働かせて考えるために必要な素材を提供してくれます。
ですから、フィリピにあったパウロの教会と、今ここでわたしたちの説教を
聞いている人々との、類似点と響き合いを示唆するのは、わたしたち説教者
の役割なのです。わたしたちがその手紙を、最初の読者のコンテキストの中
に置いたとしても、テキストの言葉から説教が直接姿を現すことはありませ

ん。それはむしろ、テキストとそれが受け取られた状況との関係から出てくるものです。もちろん、フィリピの人たちの頭と心の中で何が起こったかを正確に知ることはできませんが、彼らが生きていた多元的宗教の世界を知ることによって、その手紙が生きたものとなり、自分を低くするキリストの愛が、周囲にある支配力の神学に対していかに大きな挑戦であったかが明らかになります。

　フィリピについてのわたしの読みを、インターネットを通してその町の写真を見ることによって補うことができます。いくつかのサイトが、周辺の土地と古代の遺跡、恐らくパウロが説教したであろう場所の写真を載せているからです。わたしは時々これらの写真を見ながら、テキストを声に出して読みます。そのようにして、本来の状況の中でパウロの手紙が朗読されるのを聞くことがどういうことであったかを想像します。わたしの読みが、わたしの理解の中にあるすべてのギャップを埋めてくれるものでないとしても、それはわたしに、パウロの働きと、この手紙を通して彼が語りかけている教会の人々を、現実の存在として感じさせてくれます。

6) その教会のコンテキストは何か。フィリピの教会で何が起こっていたのか

　フィリピの教会では、問題が起こっていたように聞こえます。それはなぜか。フレッド・クラドックはいくつか考えうる理由を挙げています。恐らく教会の中で、エボディアとシンティケというふたりの婦人を巡って分裂があったのです。彼女たちはかつて、パウロと共に忠実に働いたのですが、今やお互いに対立していたのです（4:2-3）。あるいは、彼らの信仰と教会生活の中にユダヤ教の要素を持ち込もうとした人々によって、論争が起こっていたのかもしれません（3:1b-6）。あるいは、パウロ自身の働きを巡って、教会の中で人々が分裂してしまっていたのかもしれません。クラドックが言っているように「牧師と教会員の関係はとても複雑で、直接的に、教会員同士の関係に影響を与えます」（注9）。クラドックによれば、パウロは2章の初めで、1章で用いたいくつかのキーワード——喜び、交わり、愛、協力、憐れみ、一致、そして心の思い、態度など——を用いながら、福音によって形

成された共同体としての彼らの生活を思い起こさせています。「〔パウロは〕彼らの過去の姿を、否定的で不適切な暗い背景として、それに向かって対話を呼びかけるのではなく、教会がそれによって教会とされ、支えられてきた、共に生きる生活の特質を、意識のレベルまで引き上げます。罪悪感を抱かせるようなアプローチを決して取らず、彼らが何者であってすでに何を知っているかという、教会の中でまったく用いられていなかった事柄を用いて、彼らに対する勧めの言葉を豊かにしているのです」（注10）。

「パウロの喜びを完全なものにするのは、フィリピの教会の中にある一致と調和です」（注11）。「パウロは、自己中心的な目と、尊大な思い、褒め言葉を求める耳、何も語らない口、他の人を容れる余地がほとんどない心、自分のためにしか働かない手は、キリストの体にふさわしくないと考えています」（注12）。

パウロは、これらのふさわしくないものの代わりに、キリスト・イエスの中にあるのと同じ心、同じ姿勢を持つようにとフィリピの人たちに語ります。そして、キリストが彼らとの関係の中でどのように振る舞われたかを思い起こさせるために、恐らくは礼拝の中で用いられていた賛美歌を引用するのです。

7）このテキストの文学的な形態は何か

フィリピ書は手紙です。そして古代世界では、手紙はある特色を持っていました。注解書は、わたしたちがその手紙の構造を理解する助けになり、フィリピ書2章1-11節を読むための、より大きなコンテキストを提供してくれます。

1章1-2節は挨拶の言葉です。「わたしたちの父である神と主イエス・キリストからの恵みと平和が、あなたがたにあるように」という言葉で終わる挨拶です。

1章3-11節は感謝です。フィリピの人々に対するパウロの感謝は広範囲にわたります。彼はこの会衆を明らかに愛しており、彼らが福音に共にあずかっていることに深く感謝しています。

1章12節-4章20節はこの手紙の主要部です。パウロは囚人である自分

の状況と、福音の中にある彼の希望を詳しく語ります。1 章の終わりにパウロはフィリピにいる会衆の方を向き、キリストの福音に価するような生き方をするようにと告げます。それから 2 章 1–11 節へと進むのです（注 13）。

　手紙について説教するときに覚えておかねばならないひとつのことは、それらの手紙を朗読することが、キリスト教会でなされる説教のごく初期の形であったことです。したがって、わたしたちは礼拝の中でこのテキストが朗読されるのを、あたかも先代の牧師であるパウロが獄中から自分たちに書いたものであるかのごとく聞くように、会衆を招くこともできます。

　同時に、説教に手紙の形態を採用することが、今日の説教においても許されると心に留めておくことは、助けになります。例えば、マーティン・ルーサー・キング・ジュニアの「バーミングハムの獄中から」や、ディートリッヒ・ボンヘッファーの「獄中書簡」を考えてご覧なさい。

　4 章 21–23 節は締めくくりの祝福です。それはこの手紙に、礼拝の締めくくりのような印象を与えます。説教者が祝福してわたしたちを礼拝から送り出すのと同じです。これは、この手紙の朗読が宣言の行為であることを強調することになります。

8) どのような形態の転換にも注意を払う。フィリピ書 2 章 6–11 節は賛美歌である

　そのページの中でテキストのレイアウトが変わった場合、わたしたちはすぐさま気づきます。「これらの節は、その形態が示している通り、パウロ以前のキリスト賛歌であると広く見なされています」（注 14）。古代から現代に至るまで、賛美歌は人々が最も記憶しやすい神学です。「賛美歌は貧しい人の詩であり、一般の人の神学です」（注 15）。その簡潔さとイメージ、古代における朗唱も含め、ほぼどの時代にも歌われてきたことは、賛美歌を特別に記憶されやすいものにしています。もしこれらの節が実際にフィリピの教会で愛されていた賛美歌であるとしたら、パウロは何と効果的なレトリックの戦術を用いていることでしょう。彼は、信徒たちを説得してキリストのような生き方をさせるために、彼らの心の近くにあるものの力を借りたのです。その中の「『すべてのひざがひざまずき』」という言葉は恐らく、礼拝の

中ですべての会衆が、キリストが主でいますこと（2:11）を認めてお辞儀を
するための合図であったと思われます」（注16）。ですからパウロは、音楽
と礼拝という、信徒たちにとって最も心を動かされるふたつの習慣を援用し
て、「キリスト・イエスの中にある」（2:5）ものと「同じ思い」を持つこと
が必要なのだと、彼らを説得しているのです。

　今日の賛美歌作者が、よく賛美歌の歌詞の神学的な、また詩的な分析をす
るように、わたしたちも、この聖書テキストについて同じような分析をする
ことができます。このフィリピ教会の賛美歌は、基本的にキリストの物語を、
先在、地上の生涯、そして栄光の賦与、の３つの動きで語ります（注17）。
それをさらに深く理解するためのひとつの方法は、その道筋の概略を描くか、
図示することです。フィリピ書のこのテキストは、以下のように図示される
でしょう。

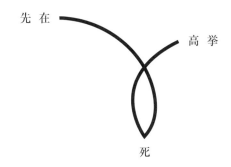

　この賛美歌は、神によるすべてのものの創造以前のキリストの存在から始
まり（2:6）、この地上の存在へ（2:7-8）、また天上で神と共にある存在（2:9
-11）へと動きます。同時にこの賛美歌は、キリストのたどられた道を、ご
自分を無にして僕となられ、人間の姿となられた（2:6-8）という下への動
きと、その後、神によって引き上げられ栄光を与えられた（2:9-11）という
上への動きとして描きます。最後に、この文章の半ばで行為者の変化があ
ることに注意しましょう。8節までは、すべての行為はキリストのものです。
神と等しくあることに固執せず、自分を無にして、人間になられ、仕え、服
従し、死なれた。しかしそれ以後は神が行為者です。高く上げ、キリストの
名を褒め称え、栄光を与えられたのは、神なのです。

パウロが賛美歌を用いたというまさにそのことが、わたしたちも説教自体の中で賛美歌を歌いたい、あるいは説教直後にこの聖書箇所に基づいた賛美歌を歌いたいと願ってもよいということを示唆します。そのようにして、説教のメッセージを、それを歌うすべての人の心に届けるのです。

> イェスのみ名に　ひざまずき、
> すべてのもの　告白す。
> 「力づよき　ことばなる
> 主に栄光　永遠《とわ》にあれ」。
>
> 世のはじめの　みことばは
> 神の御座に　とどまらず、
> 人の姿　身にまとい
> みずから世に　くだりたもう。
>
> 神のみ子は　人となり、
> われらの罪　ゆるすため、
> 十字架の死に　至るまで
> しのびましぬ、苦しみを。
>
> 神はイェスを　高く挙げ、
> すべての名に　まさる名と
> 勝利の冠《かちかむり》　与えたもう。
> 「ただイェスこそ　われらの主」。〔『讃美歌21』183番〕（注18）

9）諸訳の比較、そこで用いられている言葉の違いに注意を払う

　新約聖書をギリシャ語で読めない限り、わたしたちは翻訳に頼らなければなりません。そしてどの翻訳も、もとの言葉のすべての意味、ニュアンス、関連を捉えてはいません。だから、いくつかの翻訳でテキストを読むことが大切なのです。異なったバージョンの翻訳はテキストの異なったニュアンス

を伝えてくれます。例えば重要な部分である「同じ思いがあなたの中にある
ようにしなさい。それはキリスト・イエスの中にもあったものです（Let the
same mind be in you that was in Christ Jesus）」（2:5）を取り上げてみましょう。
大雑把な読み方をすると、これは一人の信徒ではなく、信徒の全体に向けら
れたものなので、パウロが実際に言おうとしたのは「あなたがたはすべての
点で意見が一致していなければならない（You ought to agree on everything）」
ということだと思うでしょう。というのは、それが日常的な会話の中での
「同じ思いを持つ（having the same mind）」という言葉の意味だからです。し
かし The Message はギリシャ語の異なった理解を示し、「キリスト・イエス
がご自分について考えられたように、あなたも自分自身について考えなさ
い（Think of yourselves the way Christ Jesus thought of himself）」と訳していま
す。フレッド・クラドックは最初の読みを明確に否定し、「思い（mind）」
（*phroneo*）という言葉は、あらゆる点で一致することではなく、同じ姿勢を
とり、同じ方向を向くことだと指摘しています（注 19）。

　7 節の初めの部分についても、同じように多様な翻訳があります。NRSV
では、キリストは「自分を空しくして（emptied himself）」と訳します。KJV
は「何の栄誉もない人間になられて（made himself of no reputation）」と訳し
ます。*The Message* は神学的な次元を強調して「神としての様々な特権を脇
に置いて（He set aside the privileges of deity）」と訳しています。クラドックは、
「自分を空しくされた（emptied himself）」と訳されるギリシャ語（*ekenose*）
は、第二コリント書 8 章 9 節「キリストは豊かであられたのに貧しくなら
れた」の「貧しい（poor）」という言葉と事実上、同義だと言っています（注
20）。もともとのギリシャ語についてのこれらの様々な理解は、説教の可能
性に幅を持たせてくれます。説教者は、ひとつの翻訳に基づいて説教を組み
立てることもできますし、すべての翻訳を用いて、キリストがわたしたちの
間に来てくださったことの意味について多様なパースペクティヴを提供する
こともできます。いろいろな翻訳を比較し、鍵になる言葉を調べることは、
説教者をより豊かで深い聖書テキストの読みへと導き、ひいては、より豊か
で深い説教へと導いてくれる──これは説教学の重要な原則です。

10）歴史を通して、キリスト賛歌の神学的な解釈を考える

　説教者がある特定のテキストに基づく説教を創り出すために苦闘しているとき、彼らは、自分たちがこのテキストと取り組んでいる最初の人間ではないということを、容易に忘れます。フスト＆キャサリン・ゴンサレスは、牧師がひとりで、あるいは同じ階級、同じ人種、同じ文化に属する人々だけと聖書の学びをする「ローン・レンジャー」〔人気を博した西部劇〕型の聖書の学びに対して警告を発しています。そのような学びの結果、「聖書解釈が、他の人々から疑問や異論を突きつけられることがなくなってしまいます。というのは、彼らが結局は自分たち自身と同じパースペクティヴを持つ人々であったり、あるいは彼らが自分たちと違っていても、わたしたちが彼らを『トントたち』〔トントはローン・レンジャーの相棒であるアメリカ原住民の青年〕、すなわちそのパースペクティヴを自分たちはまったく考慮しなくてもよい人々に分類してしまったりするからです」（注21）。ふたりのゴンサレスは、わたしたちの解釈の前提に異議を突きつけてくる、あるいは自分たちとは根本的に違う目で聖書を読んでいる、過去あるいは現在の人々の声に対して、あらゆる方法で自分自身を開け放つようにと促します。そのようにするひとつの方法は、特にわたしたちがひとり書斎で準備をする場合には、例えばナチスの支配下にあったドイツの地下教会やドミニカ共和国のスラムの教会など、まったく違った状況の中で聖書テキストが読まれることを想像してみることです（注22）。

　同時にわたしたちは、わたしたちの先達である説教者であり、わたしたちに挑戦しているまさにこのテキストを熟考し、考え抜いた証人たちの群れを考えることもできます。わたしたちの先輩たちがどのようにこのテキストを扱ったかを考えることは、多くの場合、新しいことに目を開かせてくれるし、説教準備として生産的でもあります。

　神学者であるマーサ・ムーア＝キーシュは、注解書『み言葉を楽しむ（*Feasting on the Word*）』の中で、フィリピ書の賛美歌の解釈の歴史の幾分かを追って、「キリスト教会の歴史の初期には、このテキストは、神と等しい方というキリストの立場に疑問を持つ人々に対する反論の根拠になりました」（注23）と言っています。アレクサンドリアのアタナシオスは、4世紀

のアレイオス主義者に対して、この賛美歌を、キリストが単に神のような人間ではなく、初めから神と等しい方であり、自ら「僕の姿」(2:7) になられた方でもあることの証拠として用いました。

　16 世紀に生きたジャン・カルヴァンは著作を通して、キリスト者の生活のモデルとして、キリストは自らご自分を貧しくされたのだと主張しました。キリスト者たちを、自らを誇る生活から遠ざけ、自己否定の生活へと向かわせるこの聖書箇所は、キリストにより多くを献げるようにと鼓舞するために、また、自らを貧しくする者はやがて神によってキリストと共に引き上げられるという約束を与えるものとして用いられたのです（注 24）。

　20 世紀には、スイスの神学者カール・バルトが、和解論の中で、キリストが身を低くされたことと、キリストが高く挙げられたことに、キリストの預言者、祭司、王としての役割と共に焦点を当て「僕として、キリストはわたしたちを傲慢の罪から贖い出す祭司として身を低くされました。そして主として、キリストは恵みによって人間たちを神と共にある者へと引き上げ、自分を貶める罪からわたしたちを解放されました」（注 25）と言っています。

　説教者はこれらの解釈を、「愛されている賛美歌の持つ様々な意味」という主題による説教の中で用いることもできるでしょう。人々に好きな賛美歌を思い浮かべてもらい、彼らにとってそれがどのような意味を持っているかを考えてもらうことから説教を始めるという構想を練ることもできます。子どもの頃に親がそれを歌うのを聞いたのでしょうか。洗礼式や結婚式、葬式など、特別な機会に歌われるのを聞いたのでしょうか。そしてフィリピ書の今日の箇所に、古くから愛され、様々な時代を生きて様々な苦難にあった人々を励まし続けてきた賛美歌が含まれていることへと話を移します。次に、説教者はその賛美歌の解釈の歴史をおさらいし、最後に、パウロの引用している賛美歌が今日のわたしたちにどのような意味を持っているかを探ります。それは、過去にそれが持っていた意味と同じでしょうか。わたしたちにとって、何か新しい意味を持っているでしょうか。そのような説教は、説教が持っている主要な役割のひとつを果たします。それは会衆の歴史に対する意識を養い、信仰や教会、そして自分がキリスト者であることに対する理解を、彼らの個人的な経験の限界を超えて広げることです。

11）教会暦のコンテキストからテキストを考える

　自分を貧しくするキリストの愛を歌うパウロの賛美歌は、聖書日課では毎年棕櫚の主日に出てきます。もしあなたが、聖書日課を用いている教会の説教者であるとしたら、それは毎年、フィリピ書の賛美歌が受難週を理解する枠組みになっているということです。「その賛美歌は、主であることと僕であることの意味を明確にするだけでなく、奉仕と服従の道を捨ててしまったある種の勝利至上主義に対する裁きとしても、教会の聖書の中に存在しているのです」（注26）。

　ほとんどの教会がキリストの受難に先立つ〔エルサレム入城の〕行列を再演する主日に、この賛美歌が説教のテキストとされていることは、説教者を、説教の可能性の豊かさに目覚めさせることができます。例えば、この賛美歌の言葉と受難の場面を行き来しながら、説教することができます。この賛美歌は、キリストが「自分を貧しくして、僕の形を取られた」ことをはっきりと告げています。この非常に大きな神学的命題は、わたしたちに理解できる人間の尺度では、どのように見えるのでしょうか。受難週がわたしたちに告げるのは、腰に手ぬぐいをまとって身をかがめ、弟子たちの足を洗うひとりの人として、あるいはパンを裂きぶどう酒を注ぐ人として、また捕らわれる夜、自分の最良の友らが眠っているときに、心血を注ぐような祈りをする人として、その神学的命題が見えるということです。

　この賛美歌は、「神はまた彼を高く上げられた」と告げます。それはどのように見えるでしょうか。それは空の墓として、そして庭師と間違えられながら墓の外に立っている人として見えます。それは、わたしたちの傍らで一緒に歩き、わたしたちと一緒にパンを裂く人として見えます。それは湖畔で魚を焼いている人として見えるのです。この賛美歌は、キリストがしてくださったことの壮大さを伝えています。すなわち福音書の各場面が、そのためにキリストがどのような犠牲を払われたか、そしてそれに続いて起こったことがどれほど不思議なことかを描き出しているのです。この賛美歌と受難週との対話は、説教に、命とダイナミズムを与えます。それは、賛美歌の神学的言葉と、福音が語る生き生きとした人間の物語を並置するところから立ち

のぼってくるのです。

12）このテキストは誰に向かって説教されるべきか

　わたしたちは、このテキストの言葉が、過去には頻繁に、女性や奴隷たち
に対して、無慈悲で乱暴な夫や主人に服従するように勧告するために用いら
れてきたことを、知っています。しかしながらこの賛美歌が、苦しめられる
キリストからではなく、神と等しい方でありながら、ご自分の意志で自分を
無にされたキリストから始まっていることを心に留めておくことは重要です。
ここには、強制された隷属はまったくありません。

　フィーム・パーキンズは『女性たちの聖書注解（Women's Bible Commentary）』
の中で次のように書いています。「自由のために闘うよりもキリストのよう
に苦しむようにと言われるラテン・アメリカの貧しい人々や、虐待されてい
ながら夫に服従するようにと牧師に言われる女性たちは、この賛美歌のキリ
ストに倣うところには立っていません。この賛美歌は、キリストが神と等し
い方であったように、何らかの地位と力を持っている人たちに対するチャレ
ンジとして語られているものです。福音の中心には十字架につけられた方が
おられ、福音に従う者たちは迫害を受けます。この福音を説教するためには、
そのような人々こそ自分を無にしなければなりません」（注27）。

13）説教で語ることを絞り込むことによって、すべてをまとめる

　この章でフィリピ書2章1−11節について調べてきたことは、ひとりの説
教者がひとつの説教で用いることができるものよりも、はるかに多い素材や
アプローチの方法を明らかにしました。説教者になりたての人たちは、自分
が発見した素材の豊かさに興奮して、「すべてのものを説教に取り入れたい」
と思うでしょう。しかし「すべてのものを取り入れる」ことは、説教に大惨
事をもたらすひとつの理由です。その結果、説教は様々な洞察や余談を寄せ
集めて入れた袋のようになり、聴き手がついて来られるような一貫した構造
や、中心となる話やイメージ、あるいは福音を力強く理解できるように提示
する議論が何もないものになってしまいます。

　自分が用いうるよりも多くの素材を持っているということは、わたしたち

が貴重な時間を無駄にしているということではありません。それらの余分な素材には、ふたつの大きな価値があります。第1に、それらは、自分がこれから説教しようとしている言葉に対して、健全で十分な知識に基づいた理解ができているという自信をわたしたちに与えてくれます。次に、このテキストは聖書日課の中で毎年説教するものなので、今回は用いなかった素材も次回には用いることができるかもしれません。また聖書日課を用いない教派であっても、フィリピ書2章1–11節は使徒パウロが書いた優れたテキストなので、ほとんどすべての説教者が繰り返し説教するものです。このテキストについてあなたが得た知識が次の日曜日の説教で用いられなかったとしても、将来も用いられないということにはなりません。

　これまで調べてきた事柄に価値があるのは確かですが、それでもなお、わたしたちの前には「わたしの説教は何を中心とするのか」という問いがあります。この問いに答えられるようになるために、次の練習問題をやってみてください。

練習問題：聖書釈義から、説教のフォーカスとファンクションへ

　フィリピ書2章1–11節と、この章で行った釈義の作業に基づいて、説教のフォーカス（焦点）とファンクション（機能）を文章にします。

　トマス・ロングはフォーカスの文章を、「中心的、支配的で一貫した説教の主題を、簡潔に表現したもの、つまり、説教全体が『何について』語っているかということ」と定義しています。また彼はファンクションの文章を「説教が聴き手の中に何を創造し、あるいはどういう出来事を起こすことを説教者が期待しているかを表現したもの。説教は聴き手に要求を出す。つまり、聴き手の中に変化を（すでに存在しているものを深めるような変化であっても）引き起こす。ファンクションの文章は、期待される変化を言い表したもの」（注28）と定義しています。フォーカスとファンクションの文章は、(a) 聖書テキストの釈義から直接生まれ出たものであり、(b) お互いの間に明らかな関係があり、(c) 明瞭で、一貫しており、簡潔に言い表されたもの、

でなければなりません（注29）。

　1．フォーカスの文章（20-30字程度）

　2．ファンクションの文章（20-30字程度）

　あなたの文章は簡潔、明瞭、直接的で一貫しており、釈義を通して見えて
きた神の言葉に忠実ですか。自分が書いたものを批判的に見て、必要があれ
ば書き直し続けましょう。この文章が明快であればあるほど、あなたの説教
も明快になるのですから。

注

1．James Earl Massey, "Hermeneutics and Pulpit Work," in *Interpreting God's Word for Today: An Inquiry into Hermeneutics from a Biblical Theological Perspective*, ed. Wayne McCown and James Earl Massey (Anderson, IN: Warner Press, Inc., 1982), 250.

2．Teresa L. Fry Brown, "The Action Potential of Preaching," in *Purposes of Preaching*, ed. Jana Childers (St. Louis: Chalice Press, 2004), 52.

3．*lectio divina* の簡潔な紹介として以下を参照されたい。Kay L. Northcutt, *Kindling Desire for God: Preaching as Spiritual Direction* (Minneapolis: Fortress Press, 2009), 145-46.

4．Justo L. González and Catherine Gunsalus González, *Liberation Preaching: The Pulpit and the Oppressed* (Nashville: Abingdon Press, 1980), 30.

5．Ibid., 84.

6．Wayne A. Meeks, ed., *The HarperCollins Study Bible, New Revised Standard Version* (New York: HarperCollins Publishers, 1993), 2202-3.

7. Paul J. Achtemeier with the Society of Biblical Literature, ed., *Harper's Bible Dictionary* (San Francisco: Harper San Francisco: 1985), 786.

8. Simon Hornblower and Antony Spawforth, eds., *The Oxford Classical Dictionary* (New York: Oxford University Press, 1996), 801.

9. Fred B. Craddock, *Philippians* (Louisville, KY: Westminster John Knox Press, 1984), 37.〔クラドック『フィリピの信徒への手紙』現代聖書注解、古川修平訳、日本キリスト教団出版局、1988 年〕

10. Ibid., 35–36.〔同書〕

11. Ibid., 36.〔同書〕

12. Ibid., 38.〔同書〕

13. フィリピの信徒への手紙の基本的な概要は以下による。*Harper's Bible Commentary* (San Francisco: Harper San Francisco, 1988), 1221–22.〔メイズ編『ハーパー聖書注解』荒井章三ほか日本語版編集、教文館、1996 年〕

14. Meeks, *The HarperCollins Study Bible*, 2205.

15. Harry Eskew and Hugh T. McElrath, *Sing with Understanding: An Introduction to Christian Hymnology*, 2nd ed. (Nashville: Church Street Press, 1995), 63.

16. Meeks, *The HarperCollins Study Bible*, 2206.

17. Craddock, *Philippians*, 39.〔クラドック『フィリピの信徒への手紙』〕

18. Caroline M. Noel, "At the Name of Jesus," in *The United Methodist Hymnal* (Nashville: The United Methodist Publishing House, 1989), 168. この賛美歌は他の多くの賛美歌集にも収録されている。〔日本語訳は『讃美歌 21』183 番など〕

19. Craddock, *Philippians*, 36.〔クラドック『フィリピの信徒への手紙』〕

20. Ibid., 41.〔同書〕

21. González and González, *Liberation Preaching*, 50.

22. Ibid., 78–79.

23. Martha L. Moore-Keish, "Sixth Sunday in Lent, Philippians 2:5–11, Theological Perspective," in *Feasting on the Word*, Year B (Louisville, KY: Westminster John Knox Press, 2008), 170.

24．Ibid., 172.

25．Ibid., 172.

26．Craddock, *Philippians*, 43.〔クラドック『フィリピの信徒への手紙』〕

27．Pheme Perkins, "Philippians," in *The Women's Bible Commentary*, ed. Carol A. Newsom and Sharon H. Ringe (Louisville, KY: Westminster John Knox Press, 1992), 344.〔パーキンズ「フィリピ書」、ニューサム／リンジ編『女性たちの聖書注解』加藤明子ほか訳、新教出版社、1998年〕

28．Thomas G. Long, *The Witness of Preaching*, 2nd ed. (Louisville, KY: Westminster John Knox Press, 2005), 86.

29．Ibid., 86-91.

第5章 人々が受け取る説教

　もしわたしたちが説教というものを、説教者が創りそして語るものとしてだけ考えているならば、説教が会衆の心と考えの中でどのように作用するかについて、あまりに狭い理解しかしていないことになるでしょう。人は誰でも、聴くという行為の中に、自分の歴史や、記憶や連想のネットワークを持ち込んで、説教者が語ることをフィルターにかけ、処理しているのです。その結果、最終的には、人々が受け取る説教は、決して説教者が語った説教そのものではないということになります。多くの説教学者が、説教においては会衆が持っている「民衆の文化」の近くに留まり続けることがいかに重要かを説くのはそのためです。例えばヘンリー・ミッチェルは、説教が聴き手の生活基盤の近くに留まるために、わたしたちが説教の中で用いる言語やイメージについて、会衆が果たす役割を新たに見直すことを求めています（注1）。エヴァンズ・クローフォードは、『ハミング（*The Hum*)』の中で、多くのアフリカ系アメリカ人の教会で、呼びかけと応答（call and response）を通して、会衆自身が説教の行為そのものに大きく参与する、その方法について語っています。実際に、説教者が説教するのを会衆が助けているのです。クローフォードは、説教が説教者だけの業ではなく、教会の業でもあると言っています（注2）。

　別な面では、ルーシー・ローズやジョン・マクルーアのような学者たちは、説教者が聴き手に対して一種の支配的な地位を持っていると見なしているとき、牧師と会衆の間に起こる分断について問うています。説教行為は、説

教者と会衆が、ちょうど丸テーブルの周りに集まるように、み言葉を巡って集まることによって一緒に説教を創るような、共同の行為であるべきだと言うのです。彼らの理解によると、説教は、説教者が語り終えた後も、長い間、発展し続けます。教会員がそれをじっくりと考え続け、それを信じるか信じないかを決定し、自分たちの生活に合うようにそれを磨き上げるからです。説教準備の過程の中に、周辺に追いやられている人々の声を取り込んで、彼らの視点もまた説教壇に持ち込まれるようにすることは、特別に大切なことです（注3）。

　説教を共同の行為とする理解が発展していくことは、1960年代に牧会神学者ルーエル・L・ハウによって予想されていました（注4）。彼は「対話」のコンセプトを用いて、説教がどのように会衆全体の心情と知性に働きかけるか、また個々の聴き手の心情と知性にも働きかけるかを調査しました。彼は説教者と会衆の間で起こるやり取りを図示する洗練された方法を思いつきました。以下の部分で述べていることは、ほとんどハウの最初の労苦に依存するもので、わたし（トム）が彼の原則と図表を現代の説教学の光のもとで更新したものです。

　ハウは、ひとつの説教がなされるたびに、そこには実際には3つの説教が存在すると言います。説教者の説教、聴き手の説教、会衆全体の説教です。説教者の説教は、説教者が語り、行うすべてを総合したものです。そこには説教の内容が含まれますが、でもそれ以上のものです。それには、声や顔、体がどのように用いられたかが含まれます。これらのものはすべて、説教者がどのように伝えたかを理解するうえで、極めて重要です。時には声や顔、体が、説教者の語る言葉と一致しないこともあります。キリストの恵みと平和についての説教なのに、体が緊張でこわばり、声が攻撃的で、顔が怒りの表情を浮かべています。恵みが語られていても、説教を通してはそれが受け取られません。しかしながら同時に、すばらしい可能性もあります。メッセージと仕草とが説教者において完全に一致しているときには、まさにその伝え方が、語っている言葉が真実であることを証しするのです。ここで心に留めておくべき原則は、説教は説教者の原稿に書かれたものでもなければ、説教者の心にあるものでもないということです。もちろんそれらも重要

ではありますが、それらは説教の一部に過ぎません。繰り返しますが、説教者が語る説教とは、説教者が語り、行うあらゆることの総体です。そして説教者がすることは、説教が終わる前にも、終わった後にも広がっていきます。説教者は、自分が宣言した言葉を生きているでしょうか。それもまた、説教者の説教の一部なのです。

　2つ目の説教は、個々の聴き手の中で受け取られ、処理され、創造された説教で、この説教は決して、説教者の説教とまったく同じではありません。聴き手は言葉や、顔の表情、体の仕草に対して、異なった反応をします。これらの多様な応答はその聴き手の文化的な背景や、育った家庭の様子によって形成されます。その人の中に消えない印象として残っている独自の個人的経験によるものもあります。これらのことについて、説教者はどうすることもできません。何年もの間、たくさんの説教者が、わたしに同じ内容の話を繰り返し語ってくれました。彼らがある特定の話題について話したときに、あとでひとりの聴き手が、彼がまったく語っていないことや、あるいはちょっと示唆しただけのことを取り上げて、すばらしい説教だったと言ってくることです。それぞれの聴き手は、彼ら自身のやり方で説教を受け取り、それを処理します。そしてそれらの複雑な精神的、感情的な行為を通して、自分自身の説教を創り出すのです。

　3つ目の説教は、説教者の説教が会衆全体に与えたインパクトです。例えば、ある説教者が教会の差し迫った必要についてとても説得的に語り、その説教が重要な宣教の働きを打ち立てるように教会を励ますかもしれません。そのような応答は、それぞれの個人の説教以上のものです。それはキリストの体である教会の説教なのです。

　説教についてのこの3つのモデルは、説教者の説教が、それ自体で完結するものではないことを明らかにしています。「牧師が自分自身の説教を説教するのは、会衆の中に他の説教が生まれるのを促すためであって、それらの説教は、牧師の努力と会衆の努力が一緒になって生み出したものとなるでしょう」（注5）。ハウによれば、他の説教を目覚めさせるために、説教者は、聴き手の中にある、目的と意味の世界と結びついている必要があります。説教がそのような働きをしなかったとすれば、それはその説教が、会衆が世

界の意味を理解する方法に働きかけることができなかったからです。ハウに
とって、説教者が問うべき最も本質的な問いのひとつは、意味深いコミュニ
ケーションの妨げになっているものは何か、どうしたらそれを克服できるか、
ということです。

　以下にハウの考えを図で表しましたが、最近の神学と説教学の発展の光の
中で、またヘンリー・ミッチェルの示唆によって、大幅に修正してあります。
ミッチェルはある説教学の学者と教師の集まりで、説教は意味を伝えるだけ
でなく、人々が信仰の生活を生きることを「力づける」必要があると強調し
ています。

意味と力を受けることを妨げる、表面的な障壁

言葉遣い
イメージ
見た目
認知発達の度合い

2	3	1
個々の聴き手が聴き取り、自分のものにした説教	➡ 教会の説教 ⬅	説教者が語る説教

意味と力を受けることを妨げる、深いところにある障壁

違い
不安
防御
文化
歴史（注6）

ハウの洞察は、意味を創り出すことにおける会衆の積極的な役割について
理解する助けになります。最もすばらしく整えられ、神学的にも健全で、適
切な例話のあげられた、聴き手を引き込む説教も、聴き手によってそれぞれ
異なった方法で受け止められ、理解されるでしょう。もしも説教をフィード
バックしてくれる人々が、あなたの説教からそれぞれまったく違ったことを
聴き取ったなら、この図を思い出してください。防御的になったり、「でも
それはわたしが言ったことではありません」と言って議論したりしてはいけ
ません。というのは、あなたがそれを言ったにしても言わなかったにしても、
彼らが聴き取ったことは、彼らがあなたの説教について行ったこと、すなわ
ち彼らがそれを受け取って処理したやり方、あなたが行い語ったすべてのこ
とから彼らが意味を創り出したやり方を、物語っているのです。このことは、
説教がひとりひとりの聴き手の主観へと矮小化されるということではありま
せん。第3の説教、つまり教会の説教を思い起こしてください。わたした
ちは何十年も説教学を教えてきましたが、優れた説教が会衆の全体に力強い
インパクトを与えることは確かだと証言することができます。神学校のクラ
スでも、教会でも、会議の場でも、わたしたちは繰り返し、すべての人を神
の言葉と聖霊、そして生きておられるキリストとの生きた出会いに導く説教
を聞いてきました。それぞれの聴き手がその説教に対する独自の視点を持っ
ているにもかかわらず、その説教が、ただ個人としてではなくグループとし
ての彼らに対して持っている意味と励ましを感じ取っていたのです。力ある
説教は、個人の生活にも、教会という共同体の生活にも変化をもたらし、命
を吹き込みます。
　説教がうまくいかなかったときには、この図に立ち返り、意味と励ましを
伝えられなかったのは、何が妨げとなったからなのかと問い直しなさい。あ
なたの用いた言葉やイメージが会衆のつまずきの石になったのでしょうか。
あるいは、もっと深い意味の妨げとなるものがあった、つまり、会衆を震撼
させるような話題について語ったために、あなたの側にも会衆の側にも不安
があったのでしょうか。結論は、あなたが難しい話題や出来事を避けるべき
だということではなく、どうすれば聴き手の中に引き起こされるかもしれな
い不安や抵抗感、そして防御の姿勢に対処することができるかをきちんと考

えたいということです。

　説教がうまくいったときには、何が適切だったのかを確認し、それらがよい結果をもたらしたことを喜び、将来の自分の説教のための財産とすることに時間を用いる必要があります。わたしたちの大部分は、失敗から学ぶべきだと教えられてきました。それは健全なアドバイスですが、全体を言い当てていません。わたしたちは、自分がうまくやったことからも学ぶ必要があるのです。自分が払った最善の努力から学ぶことは、説教者として最も有効な働きができるようになるために、欠くことができません。それはわたしたちが説教を——それを受け取って処理する人の中に、その人を養い育てる豊かな意味を目覚めさせる説教を——創造し、語ることの助けとなるでしょう。

練習問題：意味に対する障壁

　1.　説教を聴いたけれども、意味を受け止めることに対して、表面的な障壁や深いところの障壁が働いたために、説教者のメッセージがあなたに届かなかったときのことを考えましょう。前出のルーエル・ハウの図を参照しながら、その原因が何であったのかを突き止めましょう。

　2.　あなたの説教の受け止め方をもっと違ったものにするために、説教者にできたことが何かありますか。障壁があなたの中にあるために、説教者があなたに言葉を届かせようとしても何もできなかったのかもしれません。もしそれがあなたの経験であるなら、説教の受け取られ方を左右するために、説教者にどれくらいのことができるのかについて、あなたの経験は何を語っているでしょうか。他方、説教者にできたことがあったのなら、説教者と会衆の間に存在しうる障壁への対処について、あなたの経験は何を告げていますか。

注

1. Henry H. Mitchell, *The Recovery of Preaching* (New York: Harper & Row, 1977), 11, 24, 29.

2. Evans E. Crawford, *The Hum: Call and Response in African American Preaching* (Nashville: Abingdon Press, 1995).

3. John S. McClure, *The Roundtable Pulpit: Where Leadership and Preaching Meet* (Nashville: Abingdon Press, 1995), and Lucy Atkinson Rose, *Sharing the Word: Preaching in the Roundtable Church* (Louisville, KY: Westminster John Knox Press, 1997).

4. Reuel L. Howe, *Partners in Preaching: Clergy & Laity in Dialogue* (New York: The Seabury Press, 1967).

5. Ibid., 72. 強調は筆者による付加。

6. Reuel Howe, *Partners in Preaching*, 72 の図から着想を得、Kathleen M. Black、Henry Mitchell、David J. Schlafer、Clarence Snelling の洞察を用いて、それを部分的に修正、変更した。

第 **6** 章　説教におけるイマジネーションの役割

　アメリカの一般的な会話では「イマジネーション（想像）」という言葉は、現実ではないものを締め出すためにしばしば用いられます。「それはすべてあなたの想像でしょう」と言ったり「あなたはただそれを想像しているだけです」と言ったりします。しかし「イマジネーション」という言葉は同時に、重要な意味を含んでいるのです。それはエンパシー、つまり他の人が感じていることを感じ取る能力と、結びついています。「わたしたちは、誰か他の人の立場に自分が立っていたらと想像します」というように。説教者は説教の中で頻繁にイマジネーションを喚起し、聴き手に対して聖書や日常生活の場面を想像してみるようにと言います。

　同時にイマジネーションは、様々な視点や知的な訓練を統合したり、ちょっと考えただけでは関連があると思えない、ものごとの相互関係を見抜いたりする精神的な能力のように見られます。効果的な説教は、イマジネーションの統合の働きの一例です。そこでは古代の文書と現代の経験が結びつけられるからです。説教の準備においては、聖書学、神学、歴史、文化的および心理学的な分析、そして文学とメディアに対する批判的注視など、多様な分野が結びつけられてひとつになります。ポール・ウィルソンは、その著書『心のイマジネーション（*Imagination of the Heart*）』の中で、説教者の心の中で起こることを、電気が電極の隙間を飛び越えてスパークする現象に例えています（注1）。説教者は、ちょうど電気のプラスとマイナスのように異なる様々なアイディアを近づけますが、そのように並置することが洞察の

スパークを引き起こして、それまでになかった関連が姿を現します。統合するイマジネーションの訓練を通して、神の言葉が今ここにあるわたしたちの生活を照らし出すのです。

イマジネーションはまた、人がヴィジョンを持つ力として見ることもできます。新しい夢を見て、新しいリアリティを創り出す力です。会衆の中にあるこの賜物を育てることは、個々のメンバーが希望を見出すのを助け、会衆が宣教や奉仕活動へと出て行くことを力づける主要な方法です。キリストは、わたしたちが「命を受けるため、しかも豊かに受けるため」に来られたと言われます（ヨハネ10:10）。自分がばらばらになって途方に暮れていると感じている人々には、キリストがくださる豊かな命のヴィジョン、すなわち信仰を通して与えられる、欠けるところのない存在としての自己と、バイタリティが必要です。会衆は、自分たちが何になりうるのか、何ができるのかのヴィジョンを必要としているのです。それは、福音を生きるエネルギーを与えるヴィジョンです。ジョアンナ・アダムズはそれをこのように語ります。「説教の目的は何か。それを一文にまとめなければならないとしたら、それは人々が、自分たちの生活の中や人間の歴史の中で起こる出来事を、神の視点から見るように助けることだと、わたしは言います。説教は人々のイマジネーションを再形成して、しばしば希望のない世界にあっても、新しい命への可能性を発見できるようにするのです」(注2)。

そこで説教者はイマジネーションを育てるわけですが、それには3つの主な理由があります。他人が感じていることを感じ取るため、統合するため、そしてヴィジョンを持つためです。イマジネーションをもって考える訓練は、人間の魂の深みに、聖なる驚きと恵みをもって触れる能力を豊かにしてくれます。

説教において、神学的なイマジネーションを育てることは、メディアが毎日、神学的イメージとは異なる実に多くのイメージをもって人々を攻撃している時代にあっては、特に重要です。説教者が神のためのイマジネーションを求めなければ、誰がそれをするでしょうか。この世界には神がおられると人々がはっきりと口に出して言うのを説教者が助けないで、誰が助けるでしょうか。神はわたしたちの世界について別なヴィジョンを持っておられる

と人々がわかるように、説教者が助けないで、誰が助けるでしょうか。カーライル・フィールディング・スチュワートは、その著書『喜びの歌、トランペットの高らかな響き、ハレルヤの叫び (*Joy Songs, Trumpet Blasts, and Hallelujah Shouts!*)』の中で、「イマジネーションに満ちた洞察」を、黒人の説教の世界の4つの柱のひとつだと指摘して、次のように言います。「イマジネーションに満ちた洞察から与えられるアイディアを創造的に展開することは、他の多くのメディアと『競争』状態にある説教にとって、欠かせないことです。説教者は、学者ぶることなく、創造的であり、退屈でなく、洞察に満ちていなければなりません。現在の社会にあって、説教は実に多くの他の言葉と競争しなければならないので、説教者は自分が用いる技術の創造的な要素と常に触れていなければなりません」（注3）。

神学的な理解におけるイマジネーション

　この数十年間で、神学者たちはイマジネーションを、神と関わり、神の言葉に応答するために欠かせない能力として理解するようになりました。ギャレット・グリーンは、その著書『神をイメージする (*Imagining God*)』の中で、堕落以後、神と人とが接する接点が人間の中に残っているかどうかについて、20世紀前半になされたカール・バルトとエミール・ブルンナーの論争を取り上げています。ブルンナーはそのような接点について可能性を残しましたが、バルトは、罪が完全にそれを消し去ってしまったと主張しました。グリーンはふたりの間の道を見つけ出そうとします。彼は、神の似姿に創られたということは、「神を正しくイメージする」能力を持ったことだと主張します。堕落によって失われたものは、イメージする能力そのものではなくて——その能力は人間がまだ保持している——、神を正しくイメージする能力だと言うのです。それでわたしたちは神を偶像のようにイメージして、創造のときにわたしたちに示された真実な神のイメージに代わって、偽りのイメージを創り出した、というのです（注4）。

　イエス・キリストにおいてわたしたちに取り戻された、「見えない神のイメージ」（コロサイ 1:15）とは、神ご自身および神とこの世界との関係を、

もう一度正しくイメージする能力です。偶像を崇拝する人間のイマジネーションが変容させられ、神と隣人との正しい関係が回復されるのは、キリストを信じる信仰を通して起こることです。この救いの啓示がわたしたちに伝えられる主要な道のひとつは、説教です。それでグリーンは次のように書いています。「罪人を救うために、神は彼らをイマジネーションによって捕らえます。説教者は自分のイマジネーションを従順にまた冷静に用いることによって、自分自身をこの救いの業に仕えさせるのです」（注5）。

　ここで理解されているイマジネーションとは、何の訓練もされない突飛な空想ではなく、説教者であるわたしたちの知性を従順に、また冷静に働かせるものです。わたしたちは自分のイマジネーションを、会衆のために、誠実かつ魅力的な仕方で神をイメージするために用います。そして会衆はわたしたちの説教を、彼ら自身のイマジネーションの能力をもって受け止めるのです。

　したがって、説教者に対するわたしたちの主要な問いは、神の霊を運ぶ器としてあなたのイマジネーションをどのように育てるつもりか、ということです。あるいは、もっとはっきりと、あなたは、神をあなたの聴き手と結びつけることができるようにするために、どのように神をイメージするか、ということです。

　大きな影響を与えた改革者ジャン・カルヴァン（1509–1564）は、自分を知る知識と神を知る知識についての洞察を持っていて、それは最後の質問に答えるうえで大きな助けとなります。「真実で重要な知恵は、主に2つの部分から構成されます。神を知る知識と自分たち自身を知る知識です。知識の中のこの2つの部分は、非常に密接に結びついているのですが、どちらが先で他方を生み出すものかを知るのは簡単ではありません」（注6）。時には、わたしたちが自分自身について何かを学び知り、それがわたしたちを創造された神の真実を照らし出しますし、時には、わたしたちが神について学び知ったことが、わたしたちの真実を照らし出します。しかしこれらの洞察はしばしば複雑に絡み合っていて、真剣な自己省察をしても、どちらが先で他方を生み出しているのかを、簡単には言うことができません。しかしながら、わたしたちに言えるのは以下のことです。そのような知識を自分の心に抱く

ことは、それ自体がイマジネーションの行為であり、神とわたしたちの関係を思い描く行為です。例えば、聖書の中にある2つの違った、しかし同じひとりの神のイメージを考えてみます。羊飼いと風です。この2つは何と多様な、付随する事柄と関連する事柄とを、わたしたちのイマジネーションの中に呼び覚ますことでしょうか。羊飼いとしての神は、神がわたしたちをいつも見ていてくださり、守ってくださり、世話してくださることを示唆します。風としての神は、神のエネルギー、息、わたしたちを生かす臨在を示唆します。わたしたちと神との関係をどのようにイメージするかは、わたしたちの説教に大きな影響を与えます。しばしば説教の内容を形作り、わたしたちの声のトーンや体の姿勢に影響することさえあるのです。

　時には、説教者と会衆とで、神と自分の関係をイメージする主要なやり方の間に、緊張関係が生じることがあります。わたし（トム）は、ある牧師が神を「要求する方」と見ていたのに対して、会衆は「養ってくださる方」と見る傾向があったという例を思い起こします。その説教者は、よく練られた説教を語る、力ある話し手でしたが、彼の説教は多くの聴き手の心の底にある緊張を呼び覚ましてしまいました。その緊張は、聴き手の多くが自分と神との関係を説教者とはまったく違うようにイメージしていたことに起因していました。

練習問題：神についての知識とわたしたち自身についての知識の相互関係をイメージする

　以下の練習問題は、自己に関する知識と神に関する知識の相互関係についてのカルヴァンの洞察に基づいて考えられています。この練習問題は、わたしたちがどのように神を、自分自身を、また神と自分自身の関係を、イメージしているかに基づいています。左の2列は、神を表す形容詞と名詞です。それに続く2列は、わたしたち自身を描く形容詞と名詞です。右の2列は、わたしたちが神からいただかなければならないものを示す動詞と名詞です。

神のイメージ		自分自身のイメージ		関係のイメージ	
		あなたの			
永遠の	神	信じている	娘	愛	祈り求める
流れる	小川	渇いている	息子	水	感謝する
親切な	主	幸福な	子ども	証し	与える
天の	母	信頼している	被造物	パン	飢えている
優しい	父	罪深い	羊	喜び	溢れる
～の源	生命	喜んでいる	歌い手	賛美	献げる
復活した	キリスト	不安な	従う者	安心	探し求める
要求する	支配者	怒りに満ちた	反抗者	信仰	欲する
愛する	霊	信仰深い	祭司	言葉	必要とする
全能の	岩	おびえた	友	逃れ場	求める

(注7)

指示

　それぞれの列の中からひとつの言葉を○で囲み、それを結びつけると、祈りの言葉、あなたと神との関係を示す言葉になります。例えば、「優しいキリストよ、あなたの　不安な　被造物は、安心を　必要とします」、あるいは「永遠の　霊よ、あなたの　喜んでいる　子どもは、賛美で　溢れます」。もちろん、あなたの中にはたくさんの祈りがあるでしょう。しかしこの練習問題の目的のために、自分の最も根源的な祈りを、すなわち人生の今の時点での、あなたと神との関係を最も確かに特徴づける祈りを、明らかにしてください。

　どの列にも自分の希望する言葉が見つからないときは、自分の言葉で置き換えることもできます。しかしそれはただひとつの言葉にすべきです。自分の思いに合った言葉を探すことは、自分と神との関係において、何が不可欠なものかを明らかにするひとつの方法です。この表の中にある言葉だけを用いても、100万通りの可能性があります。それらの100万の可能性は、神と

人間との結びつきの豊かさを示すもので、それは説教の中核にあるものです。それらは同時に、わたしたちが神について言うべきことを、自分と神との個人的な関係に限定してしまわないことがどれほど重要かという警告を、わたしたち説教者に対してするものです。聖書や伝統、創造、そして何世紀にもわたって積み重ねられてきた他者の経験と学びと知恵はすべて、わたしたち自身のものだと主張できるどのような知識よりも深く広い神についての知識を、わたしたちに証言しています。たとえわたしたち個人の信仰や経験がどれほど生き生きとしたものであったとしても。このことは、わたしたちの個人的な信仰や経験が、説教者としての自分にとって重要ではない、ということではありません。それらはしばしば、聖霊に用いられて、わたしたちを使命へと招くものになり、また確信と情熱をもってわたしたちの説教に生気を吹き込むものになります。危険なのは、わたしたちが自分自身を自分の心の風景の中に押し込めてしまい、わたしたちが語る福音の説教を、自分の経験や信仰に矮小化してしまうことです。説教の喜びと力の一部は、わたしたちが神の言葉についてすでに知っていることをはるかに超えるところへとたどり着けることの中にあって、それは、聴き手の信仰と理解を深めると同時に、わたしたちのそれをも深めてくれるのです。

さらなる考察を深める

　説教のために用いることに加えて、この練習問題は、わたしたちが公の祈りにおいて会衆を先導するときの助けになります。わたしノラは、英国の賛美歌作家ブライアン・レンの勉強会に行ったことがありますが、その中で彼は、出席者全員に対して、神について用いられているイメージ（岩、砦、羊飼い、母鶏、生ける水など）をひとつ選び、そのイメージがわたしたちの心に思い起こさせる他の言葉を自由に結びつけ、与えられたイメージを用いた祈りをひとつ作るようにと言いました。その結果は驚嘆すべきものでした。その部屋の中で、神が多様な仕方でわたしたちに語りかけられるのを聞いただけではありません。神がわたしたちに関わってくださり、わたしたちが神に

関わる、無数の仕方を思い起こすことによって、神に対するわたしたちの理解の全体が広げられ、また豊かにされたのです。

　神学的にも実存的にも大切なのは、わたしたちがどのように神に語りかけ、また関わりを持つかということです。何年も前、子どもたちが小さかった頃、毎晩彼らが寝る前に、彼らと一緒に祈りの言葉を唱えることが、夫とわたしの習慣でした。祈りの時間は神に語る時間であるだけでなく、1日にあったことをわたしたちが子どもたちに聞く時間でもありました。ある晩、当時7歳だった娘レオノーラをベッドに寝かせたときに、彼女は、その日学校でいやなことがあったと言いました。彼女の心を重くしているその出来事についてしばらく話したあとで、彼女に尋ねました。「そのことを神さまにお話ししたいと思う？」

　「いやだ」と彼女は答えました。

　驚いて、何が起こったのかをどうして神に語りたくないのかと尋ねました。「だって」と彼女は言いました。「神さまにはわからないから」。

　「どうして神さまにはわからないと思うの」。わたしはしつこく尋ねました。

　「だって神さまは男の子でしょう。これは女の子の問題だもの。だから神さまにはわからないよ」。

　娘の返事に悩んで（そもそもわたしは、フェミニストとして、子どもたちと神について語るときには、性差のない言い方を意図的にしてきたのです）、彼女に最後の質問をしました。「どうして神さまは男の子だと思うの？」

　「だって神さまが男の子でなかったなら」と娘は言い返しました。「どうして教会の中ではいつでも『彼、彼、彼』と言うの？」

　もし、説教者であり礼拝の導き手であるわたしたちが、どのようなひとつのイメージよりも、またどのようなイメージの寄せ集めよりも大きな方である神を伝えたいと思うのなら、わたしたちが礼拝の中で多様な言い方で神に語りかけ、また神について語ることが、決定的に重要です。そうすることは、単に聖書的にまた神学的により誠実であるだけでなく、すべての神の子どもたちに対して、彼らもまた、彼らを愛し理解してくださっている神の似姿に創られているのだと知る道を開くことなのです。

注

1. Paul Scott Wilson, *Imagination of the Heart: New Understandings in Preaching* (Nashville: Abingdon Press, 1988).
2. *Best Advice for Preaching*, ed. John S. McClure (Minneapolis: Fortress Press, 1998), 7 で引用されている Joanna Adams の見解。
3. Carlyle Fielding Stewart, III, *Joy Songs, Trumpet Blasts, and Hallelujah Shouts! Sermons in the African-American Preaching Tradition* (Lima, OH: CSS Publishing Company, Inc., 1997), 11–19.
4. Garrett Green, *Imagining God: Theology and the Religious Imagination* (New York: Harper & Row Publishers, Inc., 1987).
5. Ibid., 149.
6. John Calvin, *On the Christian Faith*, ed. John T. McNeill (New York: Liberal Arts Press, Inc., 1957), 3.
7. この図表は多少修正されているが、最初に紹介されたのは、Thomas H. Troeger, *Creating Fresh Images for Preaching: New Rungs for Jacob's Ladder* (Valley Forge, PA: Judson Press, 1982), 23 において。説教者と神との主要な関係が会衆のそれとまったく異なる場合に、説教壇と会衆席の間にどれほどコミュニケーションの障害が生じるかについてのケーススタディは、pp.22–28 に記されている。

第**7**章　毎週の説教準備のプロセス

　説教入門コースの学期ごとにわたしたちは１日を割り当て、わたしたちのコースのグループを指導してくれる牧師たちを招きます。彼らが毎週どのように説教準備をしているか、そのプロセスをクラスに紹介してもらうためです。そのようにするのは、ひとつには、有能な説教者たちがせわしない牧会者の日常生活の中で、様々なやり方で説教をまとめ上げるのを知ることは、学生たちにとって興味深いことだろうと思うからです。同時に、説教を作る「ただひとつの正しいやり方」などはなくて、それぞれの説教者が、自分に一番合っているリズムと方法を見出す必要があるのだと知ることは、学生たちにとって励ましとなるだろうと思うからです。

　それでもやはり、説教準備の具体的な細部に向き合う前に、忠実で創造的なプロセスの細目の基礎となり、それを支える２つの一般的な原則を示しておくことは大切です。これらの原則は、自明なことに思えるかもしれませんが、準備期間の終わりが迫ってくると、容易に忘れ去られてしまうものです。チャールズ・G・アダムズは、座って原稿を書き始める前に必要な最初の原則について、簡潔に次のように語っています。「わたしが心がけていることは、自分が誰のものであり、誰に向かって説教しようとしているかをまず思い起こすことです。そうすることによって、自分が誰で、自分がすることは何のためかが明らかになるのです」（注1）。

　２つ目の原則は、できる限り早く始めることと、心の中で説教を準備することにできる限り多くの時間を取ることの重要性です。

　説教を適切に形成するために、説教者は自分のあらゆる時間を捧げなければなりません。やってみるとわかるように、この毎週の要求の圧力から身をかわすことは困難です。ある人は賢く、毎日の決まった時間を説教準備のために確保します。このいつものプライベートな時間によって、説教者は、自分があとで必要になることを蓄えておいたり、以前に蓄えておいたものを呼び覚まして活用したりすることができます。このように、蓄えることと活用することは、主日の説教に備えるための基本的なリズムです。蓄えることは、意識下における、静かな目に見えないプロセスを養うものです。蓄えたものの活用は、そのプロセスの中で説教を生み出す段階を担います。説教は、知性と心情の土に蒔かれた種から成長します。これらの種は、説教者の内面で育まれ、状況が持つ、そして個人の創造性が持つタイムテーブルに従って成熟します（注2）。

　ジャナ・チルダースは、自著『説教を産み出す（*Birthing the Sermon*）』の中で、それぞれに神学的伝統も人種・民族も違う12人の女性説教者を招いて、その説教準備のプロセスについて語り合っています（注3）。ある女性たちは聖書日課から説教をしており、他の人たちは主題によって説教をし、あるいはシーズンごとにひとつの文書に焦点を当てています。ある人たちは説教作成に1週間のすべてを費やし、他の人々は土曜日の夜になって原稿を書き始めます。ある人たちは、音楽やアート、よい小説で自分の創造性を鼓舞し、他の人々は激しい肉体的な運動や、ゆっくりとした散歩、自分のアイディアを友人と語り合うことで、自分の創造性に刺激を与えます。
　チルダースは「出産」というメタファーを用いて、説教を心の中で育て語ることに伴うたいへんな苦労と沸きたつような喜びを描きます。このメタファーは新しいものではなく、歴史に深く根ざしたもので、第一テモテ書4章6–7節についてカルヴァンが行った説教の中に反映されていると彼女は言います。その説教の中でカルヴァンは、説教者を乳母にたとえ、「怠け者の乳母は自分のエネルギーを浪費し、子どもに乳を与えることができません」と語っています。しかし「進んで働こうとし、定まった休息のときに

食べ物や滋養物を取ろうとする乳母は、赤ん坊に乳を与えることができるでしょう。それは神の言葉を説教しなければならない者も同じです」（注4）。

この章では、わたしたちの説教入門コースでプレゼンテーションを行った5人の牧師を招いて、皆さんのために、彼ら独自の「説教を産み出す」プロセスを手短に語ってもらいます。それらを読みながら、(a) 彼らに質問ができるとしたら何を尋ねたいか、(b) 説教準備のどの方法と日程があなたに一番よいと思われるか、の2つを考えてください。

説教準備のプロセス1：アンディ牧師

わたしが神学校の学生だったとき、教授から、1ヶ月分の説教の予定を一度に立てるか、教会暦の区切りごとに予定を立てるように言われました。それはすばらしいアイディアです。そしてわたしの15年にわたる牧会者としての働きの中でも、何度か、聖書日課に基づいて先の予定を考えることがありました。しかしほとんどの場合、わたしの説教準備は月曜日の朝に始まります（注5）。

月曜日：初めに、与えられたテキストに親しみます。大体において、月曜日には、ちゃんとした釈義の作業はしませんが、その日の終わりには、どの部分に焦点を合わせるかをはっきりさせて、それからテキストを暗記し始めます。暗記することによって、その週の間「み言葉を持ち歩く」ことができます。またこの日のうちに賛美歌を選び、次の日曜日の礼拝の細部を決めます。実を言えば、これらの作業は水曜日の朝になることもよくあります。

火曜日：わたしの休日です。

水曜日と木曜日：聖書を学び、関連する文書を読む日です。散歩と祈りの日、散歩と思索の日、歩き、祈り、思索する日です。会衆の生活が、この地域、国全体、世界全体の出来事といかに関わっているか、またそれらの出来事とテキストがいかに関わっているかに注意を向ける日です。プロセスのこの部分を、わたしは「説教の網」と呼んでいます。1週間、ちょうど網を持って歩いて、あれこれのことを集めるようなものです。ここで見つけ出すものは、わたしが暗記したテキストと関係があり、メッセージに方向性や具

体例を与えてくれることがよくあります。

　金曜日：原稿を書きます。バーモントに越してくる前は、大学の図書館へ行って原稿を書いていました。多くの点で、書くことは、すでになされた作業のまとめです。メッセージがどのようなものになるか、たいていはすでにはっきりとした考えを抱いています。自分に課したテストとして、自分の説教は何についての説教になるかを、一文で書いてみます。これは実際にやってみると難しいものです。一度それがはっきりと捉えられると、書くことはより明確でスピーディになるように思います。

　土曜日：夜、説教を暗記します。次の朝、説教を暗唱するためではありません。必要があれば一字一句原稿の通り語れるほど、説教を自分のものにしたいのです。説教のテキストを自分のものにしておくことで、説教壇で心安らかでいることができます。ちゃんと説教できると感じられれば、原稿に頼らずにすみます。この準備の時間は欠かせません。だからほとんどの場合、土曜日の夜は家にいます。

　日曜日の朝：朝7時から7時半の間に教会に着いて牧師室に入ります。コーヒーを1杯飲み、説教とその日の礼拝順序に目を通します。それは静止点です。照準を合わせる時間です。わたしはその静けさが好きです。数時間後、説教壇に立つとき、わたしは人々を見たいと思い、彼らに手を差し伸べたいと思い、彼らをある場所から他の場所へと動かしたいと思います。説教が飛び立つとき、ジョージ・ハーバートの詩「窓（The Windows）」を思い出します。その中で説教者は、それを通して神の恵みが輝く「もろく、壊れやすいガラス」（注6）だと言われています。

　これらすべてがどのように起こるかについて、言うべきことはたくさんあります。でもわたしはいつも、3つのことを思い起こします。第1に、わたしは、信徒の家庭を訪問することが、説教準備にとって非常に大きなことだ、という印象を持っています。彼らに毎週言葉を届かせるためには、実際に彼らを知らなければなりません。第2に、わたしは、言葉というものが非常に重要だということを心に留めています。わたしは注意深く言葉を選び、言葉の意味と響きが一体となるように心がけています。第3に、わたしは説教の原稿を書き、それを語るプロセスの中で、聖霊の臨在によって、週ごと

に身を低くさせられます。わたしはこのことをうまく説明したり表現したりすることができませんが、毎週、わたしより大きな何かがわたしのメッセージの真の書き手であると感じることがあります。これらすべてのことについて、わたしは神に感謝します。

説教準備のプロセス2：ボニータ牧師

　説教を準備し語ることは、パン作りにたとえることができます。そのプロセスは厳格ですが、創造性を含んでいます（注7）。

　説教者はみ言葉を何度も読み、様々な翻訳をチェックしなければなりません。これはいつも、わたしが説教する1週間前に行います。わたしはまた、他のたくさんの関連資料が使えることを確かめます。その中にはコンコルダンスや聖書辞典、地図、注解書が含まれますが、それだけではありません。火曜日か水曜日までにそれらをひとつひとつ、心の赴くままに調べます。

　手作りのパンには特別な材料を入れて、様々な質感と香りを与えることができます。会衆を知り、説教が届けられるコンテキストを知ることは、わたしには必須のことです。わたしは自分の説教を、特定の状況と環境にぴったり合ったものにしようとします。聖書日課を使う場合や、会衆の生活にとってある特別な式が行われる場合には、それにふさわしい形の説教が要求されます。もうひとつ大切なのは、会衆にふさわしい文化的表現は何か、福音のどの部分に焦点を合わせるかです。すべての聴き手が同じパンを喜ぶわけではないので、多様さは彼らの様々な霊的嗜好を満足させる助けになるでしょう。準備の初めに、自分が誰に、またどのような機会に説教するのかを把握します。この情報は全体を正しく整えるために、正しい材料を正しい分量だけ混ぜ合わせる導きになります。

　同時にわたしは、聖霊の示される方向と、聖霊に注意深く耳を傾けることから得られた主題に従いたいと強く願っています。時々、それが説教準備のプロセスの間に起こることがあります。またその啓示がもっとあとで与えられることもあります。

　パンが最良のものになるのは、パン生地が発酵する時間が十分に与えられ、

ゆっくりと焼き上げられたときです。わたしには「説教を寝かせる」時間が必要です。このプロセスには、テキストに関する注解書をすでに読んでいる人との対話か、注解をしてくれる人との対話、そして熟考と祈りが含まれます。

木曜日か金曜日までに、少なくとも 3 つか 4 つの語りうるテーマを選びます。それらを頭の中で考え抜き、1 枚の紙に説教の主要なポイントの概略を書きます。頭の中ではそれまでにいくつかの説教を組み立てていますが、このプロセスの間に、大部分は決して説教しないであろうものとなります。ここでは、さらなる調査のためにテキストへ帰ったり、説教の主題をもっと明確なものにするために他の資料を読んだりします。わたしは、説教の主題を一文にまとめることができればと思います。そうすれば、説教を自分のものにしたことがわかります。

パンが最も滋養豊かでおいしいのは、できたてのときです。わたしはよく、説教を前の晩まで完成させないことがあります。それを見直し、いつも日曜日の朝に変更を加えます。パンが熱いときに、他のものが、バターやジャムのように加えられることに、わたしはいつも驚きます。たっぷり加えられると、パンの風味がさらに増します。

すべてが語られ、行われたあとでわたしが願うのは、人間に可能な限り、その説教が、それが語られた教会の中で起こっていることに語りかけるものとなることです。それは完全なものである必要はありません。時には、パンが最良なのは、それが完全でないときです。しかしそれは、食べられるものである必要があります。できたてのパンとは、適切な言葉が語られ、説教学的なアプローチがなされ、現代に生きる人々に希望とよい知らせを差し出す説教のことです。

説教準備のプロセス 3：ジュリー牧師

わたしにとって説教は、好きなものでもあり嫌いなものでもあります。説教をすることは好きですが、「そこに至る」部分は多くの場合、好きではありません。説教の準備は、それほどに大変です。

わたしの説教準備のプロセスは、毎週、だいたい以下のようになります（注 8）。

　日曜日の午後：わたしの説教は、聖書日課を用いる伝統の教会でなされるので、今週の説教が終わって一息つくと、次の週の聖書テキストを読みます。

　月曜日：テキストを読み返し、声を出して読むこともします。テキスト（と聖霊）が言おうとしていること、そしてわたしが従うべき導きだと感じることを書き留めます。

　火曜日：テキストの解釈学的な背景と、注解書を調べます。通常はまず、もっとはっきりさせたいと思うことがあった場合にそうするのですが、準備をしても何も与えられない週には、説教の方向を示唆するようなものを探し求めます。

　水曜日：与えられたものを、順不同にならべて動かし、それぞれが落ち着くようにします。このテキストを説教するために有用な何らかのイメージが与えられるだろうか。どうやって聖書の言葉を生きたものにできるだろうか。

　木曜日：草稿を書くときです。ジョギングに出かけます。ジョギングの最中にいつも、わたしは最善の説教原稿を書き、説教をします。家に帰り、ろうそくを灯し、祈って、原稿を書き始めます。

　金曜日：原稿を書き終えます。もう一度ジョギングに出かけなければならないこともあります。それから原稿を片付けます。

　土曜日：原稿を読み直し、説教の練習をします。まったく絶望的なときでなければ、午後 5 時以前に始めることはなく、午後 7 時以降まで続けることもありません。

　日曜日：教会に行く前に、もう一度練習をします。声と体のウォーミングアップをします。それから、説教するときが来たら、与えられたものをすべて語ります、聖霊の助けを求めながら。

　これはわたしの説教準備のアウトラインに過ぎません。もっと重要なのは日々の祈りの生活であり、それが毎週の説教準備の行程を支え、信徒たちや国民の生活を支え、それらに寄り添います。どんな説教も、個人的な、あるいは地域の、また国家の問題によって方向が変わります。しかしどんな場合にも、聖霊が導いてくださる方向を求めて、わたしは耳を傾けます。わた

しが恵みによって神の言葉を神の民に語ることができるようになるためです。正直に言えば、説教がうまくいくときというのは、テキストがわたしに働き、聖霊がわたしと歩みを共にしてくださるときです。そして説教が「よい」かどうかに心を惑わされることなく、会衆に向かって「自分が最もよく理解した神の言葉を語っているかどうか」に心を砕いたときです。

　説教準備がうまくいかないまま日曜日の朝を迎えたときには、どうするか。わたしは、ティスデール先生の言葉を思い起こします。それは説教学のクラスで、ひとりの学生が、説教をしている最中にあまりうまくいっていないなと思ったときにはどうするのか、と質問をしたときの言葉でした。先生はしばらく考えて、こうお答えになりました。「そうね、わたしに言えることは、もし犬を飼ったならば、（それがどんな犬でも）堂々と散歩させなさい、ということね」。

説教準備のプロセス4：イアン牧師

　わたしの生活には、説教準備の過程の理想と現実があります（注9）。

　わたしにとって理想的なのは、ひとシーズン全体の説教の概要を把握していて、副牧師やゲストの説教者の予定とすりあわせ、それから本格的な釈義や礼拝の準備を2週間前に始め、4日前には原稿を書き終えて、それからはそれを検討しながら過ごすことです。

　しかし実際の生活においては、予想外の緊急の仕事が入ります。1週間で説教以外に5回の話をしなければならないこともありますし、金曜日になって、自分の説教へのアプローチの全体が気に入らないと思うこともあります。時には土曜日の夜になってからでさえ、教会の中に起こった事情のために、自分の計画していたことができなくなることもあります。

　大学の教会のように、複数のスタッフによって様々な活動が行われるところでは、2週間前に礼拝の予定を立て、神学校の実習生や学生のミュージシャンにも礼拝の計画立案に加わってもらうことがあります。そのため、すべてがわたしの自由になるわけではなく、また、そのような完全な自由を望んでいるわけでもありません。

わたしの計画に影響を与えるものはたくさんあります。大学のカレンダーの中でいつ行われるのか。その週のキャンパスの雰囲気はどうか。学期のどの時点か。学生たちに気持ちの余裕のある時期か、皆あわてふためいている時期か。教会暦のいつごろか。わたしの説教は、その季節の流れに合っているか。時々、聖書日課と大学のカレンダーが合わないときがあります（例えば、聖書日課ではルカによる福音書の一連の難しい箇所が当たっているが、学生たちはもっと牧会的なケアを必要としているような場合）。

　わたしは、聖書テキストをコピーしたり iPhone に入れたりして、2 週間、どこへ行くときにもそれを持ち歩きます。それを見て、動詞にアンダーラインを引き、余白に疑問とアイディアを書き込みます。それから釈義のために『み言葉を楽しむ（*Feasting on the Word*）』という注解書シリーズと、TextWeek.com を用います。同時に、他の優れた説教者や著者が、そのテキストについて語ったり書いたりしていることに目を通します。『クリスチャン・センチュリー（*The Christian Century*）』のコラム、ブログ、特にジョン・シェアの『キリスト教の説教者と教師のための福音書の霊的知恵（*The Spiritual Wisdom of the Gospels for Christian Preachers and Teachers*）』（注 10）シリーズを見ます。これらすべての中に、わたしが興味を持つことと同時に、会衆の中の、信仰に入ったばかりの人に基本的なキリスト教の教えを伝えるためのアイディアやテーマを探します。興味を引きつけられるアイディアがあったなら、それは新鮮な視点を求めている他の「古参の信徒」にも興味深いでしょう。カテキズムを教えることも、忘れないようにしています。自分は、基本的な神学的概念を系統立てて語っているだろうかと考えるのです。わたしは、語られるべき基本的な領域のリストを持っています。創造論、救済論、キリスト論、キリスト教の人間論、三位一体論、キリスト教の社会倫理、個人的な道徳、決断すること、などですが、足りないものは随時補っています。

　毎週必ず時間が取れるわけではありませんが、まったく違う聖書解釈のスタイル（しばしば類比的［アナロジカル］なもの）を求めて、初期のキリスト教の資料を深く掘り下げて学ぶことも好きです。ちょうど説教に用いるテキストを取り上げている場合は、古今の巨人、フォスディック、ビーチャー、

ニーバー、ティリッヒなどの言葉も時々チェックします。

　原稿を書くことは、非常に多くの場合、一息する必要があります。わたしの務めは、非常に多くの込み入った、多様な情報やニーズに対応しなければならないので、自分に集中する時間ができたときには、原稿を一気に書き上げるようにしています。これには普通 2 時間から 2 時間半かかります。原稿なしで説教しようと思ったときにも、完全原稿を書きます。論理と話の流れを見るためです。

　でもわたしには、振りはらうことができない悪い習慣があります。説教の原稿を書いてから、「全然よくない」と考えて、次の、似たような説教を書き始めることです。それが 3 回になることもあります。3 つの説教の中身を取り出し、それを煮詰めてひとつのすばらしい説教にできることもありますが、時には 3 つをごたまぜにした、わけのわからない説教にしてしまうこともあります。

説教準備のプロセス 5：シェリー牧師

　説教のプランニング：わたしの説教準備は、3 ヶ月分の説教の主題を一度に考えることから始まります（注 11）。それぞれの週に与えられた聖書日課のテキストを読むのに、最低でもまる 1 日を、時にはそれ以上を要します。話の題材とテーマを考えながら、この会衆に語られるべき必要なみ言葉を求めて祈ります。それから、聖書日課の中のどれを読むかを決め（普通 2 つか 3 つです）、どのテーマで説教するかを考えます。同時に、説教後の賛美歌を選びます。わたしはいつもルーズリーフのノートを持っていて、各ページの一番上にはその週の聖書テキストとテーマが書いてあります。その数週間に与えられたアイディアをその下に書き込むのです。こうするのは自分のためでもあり（すでに書き込まれている聖書の言葉と一緒に 1 週間を始められるのは素敵です）、音楽ディレクターがテーマに合った音楽を選べるようにするためでもあります。

　毎週月曜日の朝は、聖書日課の中からわたしが選んだテキストを音読し、それからそれをパラフレーズしたものを書き留めます。わたしが理解できな

い言葉や、目に飛び込んでくる言葉には丸を付けます。時間があるときには、言葉を調べたり、人や場所についての情報を得るために聖書辞典を開いたりします。

火曜日の朝は、同僚の中のエキュメニカルなグループと会って、その週の聖書日課のテキストについてディスカッションをします。1年を通して、わたしの説教の中に「わたしの同僚のひとりがこう言っています」というフレーズがどれほど多く出てくるかは、驚くほどです。いくつかの教会では、その週の間に、信徒と一緒にその週のテキストを深く学ぶ集会も持ちます。これは助けになります。

火曜日か水曜日の朝に、TextWeek.com を見、また注解書を読みます（わたしが好きなのは、『現代聖書注解（Interpretation）』と『み言葉を楽しむ（Feasting on the Word）』のシリーズです）。テキストと会衆、その週の世界のニュースを思いつつ祈り、黙想をします。そしてその説教を要約する文を考えます。

木曜日の朝は、秘書に電話や来訪者を止めてもらって、祈り、最初の草稿を書きます。それを音読し、手を入れます。それから片付けます。

金曜日は休みです。

土曜日には何時間か、原稿に必要な大小の修正をし、何度か音読をしてそれを覚えます。

日曜日の朝には、礼拝の2時間前に教会に行き、最後に今一度、原稿の読み直しと暗記をします。

練習問題：説教準備のプロセス

これらの5人の牧師たちに対して、もし可能なら尋ねてみたい質問を、いくつか書いてみましょう。少なくともひとつの質問について、仲間と話し合ってください。

あなたが、説教準備の中で、自分にとって一番難しいと思うことは何ですか。一番楽しいと思うこと、また一番たいへんなことは何ですか。

注

1.　Charles G. Adams, "Preaching from the Heart and Mind," in *Power in the Pulpit: How America's Most Effective Black Preachers Prepare Their Sermons*, ed. Cleophus J. LaRue (Louisville, KY: Westminster John Knox Press, 2002), 13.

2.　James Earl Massey, *The Sermon in Perspective: A Study of Communication and Charisma* (Grand Rapids, MI: Baker Book House, 1976), 90–91.

3.　Jana Childers, ed., *Birthing the Sermon: Women Preachers on the Creative Process* (St. Louis, MO: Chalice Press, 2001).

4.　Ibid., ix. 引用はカルヴァンの「第一テモテ書についての説教21」より。John Calvin, "Sermon XXI sur la Première à Timothée." *Corpus Reformatorum*, ed. Guilielmus Baum, Eduardus Cunitz, and Eduardus Reuss (Brunsvigae: Schwetschke, 1895), vol. 53, col. 376 (Childers's translation).

5.　アンディ・ナギー＝ベンソン牧師（Rev. Andy Nagy-Benson）は、バー

モント州ミドルベリーにある、ミドルベリー・コングリゲーショナル・チャーチの牧師。

6. George Herbert, "The Windows," in *The Essential Herbert,* selected with an introduction by Anthony Hecht (New York: The Ecco Press, 1987), 50.

7. ボニータ・グラブス牧師（Rev. Bonita Grubbs）は、米国バプテスト教会で按手を受けた教師。コネティカット州ニューヘイヴンで、クリスチャン・コミュニティ・アクションの責任者として奉仕している。

8. ジュリー・ケルシー牧師（Rev. Julie Kelsey）は、聖公会の司祭。コネティカット州ニューヘイヴンのイェール神学校で、学生部副部長として奉仕している。

9. イアン・オリヴァー牧師（Rev. Ian Oliver）は、コネティカット州ニューヘイヴンにあるイェール大学教会の牧師。イェール大学でプロテスタントライフの上級副チャプレンを務めている。

10. John Shea, *The Spiritual Wisdom of the Gospels for Christian Preachers and Teachers* (Collegeville, MN: Liturgical Press, 2010).

11. シェリー・スタックハウス牧師（Rev. Shelly Stackhouse）は、コネティカット州ニューヘイヴンにある米国合同キリスト教会「贖い主の教会（Church of the Redeemer）」の主任牧師。

第 **8** 章　　説教のために会衆を釈義する

　力ある説教のために求められるものは、聖書テキストの釈義（すなわち解釈）だけではありません。会衆と、彼らの生きている状況に対する釈義も求められます。テレサ・フライ・ブラウンはこう言っています。「説教者は、ある特定の時に、ある特定の状況の中にある生活に対して、ある特定の目的のために書かれたテキストを解釈し、それを言葉で語ります」（注1）。したがって、聖書テキストの釈義と会衆の釈義は、一緒に行われなければなりません。「わたしたちは、自分だけの世界で説教するのではありません。［説教は］共同体の出来事なのです」（注2）。

　会衆を釈義することは、牧会的にも神学的にも重要です。牧会的には、もしわたしたちが会衆に対して力ある説教をしようとしたら、個々の教会員を知るようにするだけではなく、集団としての彼らをも知る必要があるのです。彼らはいったい誰なのか、信仰の共同体として、彼らはこれまでどのようであったのか、彼らの歴史、彼らの生活の仕方や考え方、将来に対する彼らの希望や夢、また彼らが失望したことや闘っていることなどを知る必要があります。エレアザル・フェルナンデスが言うように「人々の苦境を知ろうとしたら、彼らの経験を観光客のように知る以上のことが必要です。彼らの高邁な希望や、最も深いところにある痛みを言葉にするためには、さらに多くのものが必要です」（注3）。

　神学的には、わたしたちは、彼らにふさわしく、そして彼らを造り変える説教ができるようになるために、会衆を釈義します（注4）。説教が彼らに

ふさわしい（fitting）というのは、神学者のデイヴィッド・ケルセイが、神学について、適切である（adequate）とは、ある特定の場所で、ある特定の時を生きている、ある特定の人々にとって「心を動かしてイメージすることができる（seriously imaginable）」（注5）ことだと言ったのと同じです。説教にこれを当てはめたなら、その説教が語る神学が、ある特定の社会文化的、歴史的状況の中で生きている人々に完全にわかるように命と信仰を説くものでなければならない、ということになります。会衆を釈義することによって、わたしたちは会衆の生きている文化的な世界をより深く知るようになり、彼らの心の真ん中に、意味深く、また適切な言葉を語ることができるようになるのです。

　しかしながら説教は、会衆を、彼らがいる場所に留まらせておくだけのものではありません。わたしたちは同時に、福音を宣言して、わたしたちを造り変えるその力によって、彼らの生活を変え、真に重要なものを重要なものとさせ、生活と信仰に転換をもたらすために召されているのです。ですからわたしたちは、会衆がすでに信じていることをより深く知り、それによって、彼らの生活と信仰の中で、わたしたちを造り変える神の言葉が必要とされているのはどの部分なのかをより深く理解するためにも、会衆を釈義するのです。

　結局のところ、わたしたちが会衆を釈義するのは、キリスト教信仰が、その本質において、生活の中で受肉する信仰だからです。したがってわたしたちの説教は、それに倣うものでなければなりません。ロバート深田が次のように言っているのは正しいのです。「神の言葉の説教は、聴き手である会衆の信仰の方向性とニーズだけでなく、彼らのものの考え方や生き方、生きている社会の状況に対する最大限の理解に基づいているときにのみ有効であり、効果的なのだ。わたしたちが、キリスト教は歴史的宗教であって、歴史的な状況と時代の中で生きている人々のものだと言うとき、それはキリスト教がある特定の状況、場所、時に根ざしているという意味なのだ」（注6）。

　会衆を釈義することについて、わたしノラは、神学校であまり訓練を受けたことはありません。それは、教会に仕え始めれば、体に染みこむようにして身についていくスキルだと思っていました。しかし最初の教区へ奉仕のた

めに遣わされたとき、バージニア州の中央にある4つの小さな教会でしたが、そこで受けたカルチャーショックは、ボランティアの宣教者として以前に外国で奉仕したときに受けたものとかなり似ていました。それを感じた最初の場面は、説教をしたときです。

　例えば、わたしはある説教の中で現代の小説のひとつに触れましたが、聴き手にはまったく通じませんでした。その小説の中で描かれていた都会人の世界観が、バージニアの田舎の人々の世界観からはあまりに遠いものだったので、「心を動かしてイメージする」ことができなかったのです。またある日曜日には、説教の中で神学者のカール・バルトを引用したところ、ひとりの教会員が礼拝堂から出るときに、こう話しかけてきました。あなたが説教の中でいろいろと変わったことをなさるのを聞いてきましたが、カール・マルクスが引用されるのを聞いたのは初めてです、と。わたしはしばらく考えてようやくわかったのですが、カール・バルトという名前は、彼女の世界ではまったく意味をなさない名前だったので、恐らく聞き違えてしまって、それを自分が知っているカール・マルクスという名前に置き換えてしまったのです。時が経つにつれて、いくつかのわたしの説教の組み立て方は、特にそのスタイルやトーンがあまりにアカデミックである場合、大学の教育を受けていないわたしの教会員を当惑させてしまうのだ、と考えるようになりました。さらに、同じ説教を4つの教会でしたときに、それぞれ半径50マイルの中にある教会であったのに、返ってくる反応のまったく違うことにいつも驚かされました。

　これらの経験から沸き起こってきた疑問については、わたしの最初の著書である『各個教会の神学と民衆芸術としての説教（*Preaching as Local Theology and Folk Art*）』に書きました。その中でわたしは2つのことを目指しました。ひとつは、会衆と、彼らのものの考え方と生き方を釈義する方法で、それは会衆についての研究（congregational studies）や文化人類学（cultural anthropology）の分野との対話から生まれたものです。もうひとつは、そのような釈義が説教に対して持つ重要性を考察することです。

　わたしのアプローチは、会衆の世界観と価値観、そして信念（ethos）について、彼らが語りうることを理解するために、会衆の生活の中にあって鍵

となるしるしとシンボルのいくつかに焦点を合わせることです。そうすることによって、わたしたちは同時に、信仰共同体の中の人々が大切にしている「各個教会の神学（local theologies）」を、もっと深く知ることができるようになります。すべてのシンボルが、あらゆる状況に対して等しく有益だということはないとしても、それらの多くを研究することは、会衆の生活に関するより全体的で多面的な理解を、説教者に与えるでしょう。

　以下の2つのワークシートは、あなたが会衆のものの考え方と生き方を読み取り解釈する助けになるものです。多くの会衆が、複数のものの考え方と生き方を自分たちの中に持っているからです。「会衆を釈義するための7つのシンボル」というタイトルの最初のワークシートは、会衆のアイデンティティを表す7つのシンボルを挙げています。「会衆の生活の中にあるシンボルを解釈する」というタイトルの2番目のワークシートは、会衆の世界観や価値観、信念を示す鍵となるシンボルの研究を通して見つけ出したものを考察するための、神学的カテゴリーを提供するものです。

　両方を読み通して、それから、そのあとの練習問題と取り組んでください。

会衆を釈義するための7つのシンボル

1. 会衆の物語 （注7）

　会衆の物語の中で誰がヒーローとして現れているか。彼らをヒーローにした特質は何か。悪者として登場するのは誰か。彼らを悪者にした特質は何か。

　会衆が彼らの物語を語るときに沈黙するのはどの部分か。つまり、多くの「内部の人」は知っていても、語る人がほとんどいないのはどの部分か。会衆のアイデンティティについて彼らはあなたに何を語るか。

　会衆が彼らの物語を語るときに、繰り返し登場するイメージやメタファーはあるか。すなわち、彼らが自分たち自身と自分たちの世界をどのように理解しているかについて、あなたに洞察を与えるものはあるか。

　会衆が将来に向かって前進するときに、彼らをひとつにすると思われる共通の夢やヴィジョンはあるか。

　あなたが小説を構想するように会衆の物語を構想するとしたら、その筋はどのようなものになるか。この会衆の物語を、よく知られた他の物語や神話（聖書の物語か他の物語）と対比するとしたら、それは何か。

2.　会衆の生活の中の祭儀

　会衆の礼拝の実践の中で、際立っているものは何か。礼拝順序の中のどの部分がハイライトになっていて、会衆にとって特別な意味を持っているように見えるか。どの部分が、重視されないか。賛美歌や祈り、説教や応答頌歌（アンセム）の中に、あなたが会衆のアイデンティティを知る手がかりになるような共通した神学的なテーマを見出すことができるか。

　その教会の1年のサイクルの中で、どの休日や聖日が最も重要か。会衆はその日をどのように祝っているか。

　毎年の、あるいは毎月の、毎週の礼拝の実践の中で、この会衆に独特のものがあるか（例えば、地域の老人施設で毎週礼拝をする、癒やしのための礼拝を毎月行う、毎年の「聖徒の日」を守って故人を思い起こす、など）。会衆のアイデンティティについて、そのような礼拝はあなたに何を語るか。

　彼らが共通に知っている人々を思い起こすことによって共同体を一致させる「連帯のための儀式」や、その共同体の中の人々の生活や役割に起こる重大な変化を際立たせる「通過儀礼」として、どのようなものが教会の生活の中で定期的に行われているか。

3.　美術と建築

　教会の場所とデザインが、この会衆について語ることは何か。

内部のスペースはどのように用いられ、アレンジされ、飾られているか。建物の中のどこかが、特定のグループによって「占有」されているか。壁にかけられている掲示板やポスター、飾り、その他によって、どのようなメッセージがやりとりされているか。空間の割り振りの仕方について、何が優先されていることが伝わってくるか。新来者が容易に建物の中を歩けるか。

礼拝堂の中の美術や建築、調度品の配置や空間のしつらえからわかることがあるか。

4. 人々

会衆が、この人たちは自分たちの中の「賢人」だ、と考える人々とは誰か。その理由は何か。

会衆が、この人たちは教会生活の「周辺」にいる、と考える人々は誰か。その理由は何か。

5. イベント

どのようなイベントや活動が最も注目され、時間とエネルギーと予算と人員が注ぎ込まれているか。それと比べてどのようなタイプの活動が重要視されていないか。

会衆が最も誇りや熱意をもって語る活動やイベントは何か。

どのような活動やイベントが、人々の間に最も激しい議論を引き起こすか。その理由は何か。

6. ウェブサイトの情報、歴史、古い資料（これはしばしば、最初に取り組むのに最適な課題である）

教会のウェブサイトを閲覧することによって、また会衆の教会生活の歴史

について書かれたものを読むことから、何がわかるか。

　教会に保存されている古い資料（設立に関する文書、決定権を持つ会議の議事録、会計報告、印刷物やウェブサイトの資料）から、教会の過去と現在のアイデンティティについて何がわかるか。

7. 統計
　年齢、ジェンダー、人種、民族、階級、その他の指標で会衆の現在を分析すると何がわかるか。「典型的な」教会員はどのような人か。著しく欠けているのはどのような人々か。

　これらの統計は、過去の統計と比べてどう異なるか。現在の教会の自己認識と比べてどう異なるか。将来のヴィジョンと比べてどう異なるか。国全体の統計と比べてどう異なるか。地域の人口構成と比べてどう異なるか。

会衆の生活の中にあるシンボルを解釈する

1. 神をどう見ているか（注8）
　神は何よりも、身近な存在か、あるいは超越した存在か。

　神は何よりも、律法を与える方か、恵みを与える方か。

　神は悲惨な出来事を送られる方で、それを止める力のない方か、それとも人々と共にその中にいてくださる方か。

　会衆の生活の中に根づいている神のメタファーは何か、あるいはキリストや聖霊のメタファーは何か。

　三位一体の中で、最も強調されないのは何か。最も強調されるのは何か。

欠けているのは何か。

2. 人間をどう見ているか

この会衆の中では、人間とその性質について、どのような見方が支配的か。

人々は、他の人々との関係において、自分をどのように見ているか。力があるか、力がないか。変化をもたらす主体か、周囲の状況の犠牲か。

この会衆は人間の何を重んじているか。存在か、働きか、将来性か。

3. 自然をどう見ているか

この会衆の自然に対する基本的なスタンスは、自然や季節のサイクルと調和することか、自然を支配することか、自然に従属することか。

4. 時間をどう見ているか

時間は、上手に生かして使うものか、それとも耐えるべきものか（牢獄の中の「作業時間」のように）、あるいはもっと相関的なものとして見られているか（皆が集まったときにものごとが始まる）。

この会衆は、過去を向いているか（伝統が何よりも大切か）、現在か（今日のために生きているか）、将来か（積極的に現状の改革を計画しているか）。

会衆の「希望」とはどのようなものか。そしてその希望は、例えば「永遠の生命」や「終末の時」「天国と地獄」あるいは「復活」のような聖書的な希望のイメージと、どのような関係にあるか。

5. 教会をどう見ているか

会衆の生活の中で、教会に対してどのようなメタファーが支配的か（例えば、神の家族としての教会、サクラメンタルな共同体、居場所があるところ、外への伝道のための組織、町の中で預言者的な存在、福音の使者）。

教会は、罪人を癒やすところか、それとも聖徒たちの聖なる共同体か。

世間ではたびたび周辺に追いやられている人々を、この会衆はどれほど受け入れているか。

6.　宣教をどう見ているか

この会衆は、どういう方向性で宣教を捉えているか。

a）行動的：社会や政治、経済の問題に対して、協力して公に取り組むことを強調する。

b）市民的：公の事柄に対しては、教会での学びや考えに支えられて、個人として行動することを強調する。

c）福音的：人々を救いと永遠の命に招くことを強調する。

d）聖所的（Sanctuary）：「冷酷な世界の中の天国」を提供する。

7.　罪や悪、救いをどう見ているか

世の中や個人の生活の中に悪が存在することを、会衆はどのように説明するか。

この会衆の中では、何が罪深いことだと考えられているか。罪だと思われないものは何か。

救いとは何か、それはわたしたちの生活にどのように影響しているか。

この会衆が強調しているのは、個人的な回心か。人々を信仰へと導くことか。信仰の光の中で倫理的な生活をすることか。聖霊による聖めか。

事例研究

　わたしトムはよく、会衆の生活や価値観を解釈するために、ノラの開発したツールを用います。いろいろな教会が絶え間なく、創立記念日やその他の重要なお祝い事、例えば愛された牧師の退任、オルガンの設置や、新しい建物の献堂などのための賛美歌の作詞を依頼してきます。ある特定の教会のために賛美歌の作詞をすることは、ある特定の教会のために説教を創るようなものです。そのためには、ノラの言う「その教会の神学」を理解することが求められます。その教会の神学は、特別なお祝いのときには、特に重要になります。というのは、それが、その教会に対してそのお祝い事の持っている意味を形作り、また枠づけるからです。

　ほとんどの場合、わたしは依頼された教会に行ったことがありません。それで初めは、その教会の歴史や働きについて、何一つわたしは知りません。彼らにとって意味の深い賛美歌を作詞するための第一歩は、その教会の会衆を釈義することです。通常わたしは、その教会のウェブサイトを訪れることから始めますが、しかし、ノラの言う「教会の物語（narratives and stories）」——そのカテゴリーには「繰り返し登場するイメージやメタファー」が含まれています——に代わるものはありません。例えば、将来を見据えながら過去の出来事を祝うための賛美歌を依頼してきた教会を考えます。わたしは長距離電話で、その教会の特別なお祝いを統括している委員会の人たちと対話をしました。そしてたくさんのノートを取りました。対話が終わりに近づいたとき、わたしは、彼らのために賛美歌を作るときの助けになることが何か他にありますかと尋ねました。長い沈黙があって、それからひとりが戸惑いを隠せない声で言いました。「ありふれたことに聞こえるかもしれませんが、わたしたちの中の何人かは、あなたに十字架の話を、それもとても特別な十字架の話をしなければならないと考えていました。でもそれから、あなたがそれをつまらないことだと思うかもしれないと考えたのです」。委員会の人々はそれから、数年前に教会の隣の建物が、その屋根の上に垂直の塔と水平の横材のついた構造物を載せたという話をしてくれました。その年のあるよく晴れた日曜日、その構造物が、教会の大きな窓のひとつを通して十字架

の影を聖餐卓の上に落としたのです。そしてこのことは、彼らが聖餐を祝っているときに、たびたび起こりました。彼らはそれが偶然だと理解していましたが、でもそのことに深く感動したのでした。彼らの声の調子から、わたしはこの偶然と思われる現象は、彼らにとって大きな意味のあることなのだとわかりました。それでわたしは彼らに、それが「つまらない」とはまったく思わない、と言いました。彼らはわたしの反応にほっとして、その十字架の影が、彼らの礼拝と祈りにとってどれほど重要なことかを語り続けました。そしてこの対話から、わたしは彼らのお祝いの賛美歌の初めの1節を書いたのです。

> Where the cross still casts its shadow
> there we trace love's depth and height
> pouring forth to bless and hallow
> our own lives with that same light
> which through every twist and turning
> of our church's early days
> helped our founders in descerning
> how to serve the God they praised. 　（注9）

> 十字架が今も影を落としているところ、
> 我らはそこに、深く高い愛を辿る。
> その愛は溢れ出て、我らの日々を祝し聖める。
> 教会の初めの日々の迷いと苦しみのときを通して
> 賛美する神に仕える道を創立者たちに教えた
> その同じ光をもって。

　彼らは、わたしが十字架の影を賛美歌に入れたことを喜びました。それは、説教者がその教会の会衆の神学と深く結びついたときに、聴き手の中に満ちるのと同じ喜びです。
　この話は、会衆を釈義することがなぜ重要なのかを、また「礼拝堂の中の

美術や建物、調度の配置や空間のしつらえからわかることがあるか」と問うことがなぜ大切なのかを、描き出しています。わたしがその十字架の影を「つまらない」と思うかもしれないという恐れにもかかわらず、それが彼自身と委員会全体にとってとても大切なものであることを語ってくれた委員会のメンバーがいなかったら、わたしがその事柄の真相を知ることは決してなかったでしょう。わたしたちが会衆を釈義することによって目指していることは、説教者と人々の間にこのような形で結びつきを作ることなのです。

　会衆を釈義する能力を開発するために、まず次の練習問題と取り組んでみましょう。

練習問題：会衆を釈義する

　あなたがよく知っている会衆の生活の中にある重要なシンボルを7つ挙げましょう。そのうちのひとつについて、以下の問いに答えてください。

　1. そのシンボルは、会衆の世界観や価値観、信念（エートス）、教会の神学について何を伝えていますか。

　2. あなたがこの会衆の牧師だとしたら、その教会自身の神学——それは、あなたが挙げたシンボルによって明らかになっています——はあなたの説教にどのような影響を与えるでしょうか。

　3．もしグループで学んでいるならば、あなたの答えについて他の3人の人と討議し、それからグループ全体で討議してください。

注

1．Teresa L. Fry Brown, "The Action Potential of Preaching," in *Purposes of Preaching*, ed. Jana Childers (St. Louis, MO: Chalice Press, 2004), 52. 強調は筆者による付加。

2．Ibid., 57.

3．Eleazar S. Fernandez, "A Filipino Perspective: 'Unfinished Dream' in the Land of Promise," in *Preaching Justice: Ethnic and Cultural Perspectives*, ed. Christine Marie Smith (Cleveland, OH: United Church Press, 1998), 62.

4．会衆をどのように解釈し、彼らにふさわしく、その中に変化をもたらす説教をするかについてのさらに詳しい情報は、以下を参照されたい。Leonora Tubbs Tisdale, *Preaching as Local Theology and Folk Art* (Minneapolis: Fortress Press, 1997).

5．David H. Kelsey, *The Uses of Scripture in Recent Theology* (Minneapolis: Fortress Press, 1975), 170–74 を見ていただきたい。

6．Robert Mikio Fukada, in *Preaching as God's Mission*, ed. Tsuneaki Kato (Tokyo: Kyo Bun Kwan, 1999), 194.

7．このワークシートで用いられている素材は、*Preaching as Local Theology and Folk Art*, 64–77 にある素材を合成したり、拡充したりしたものである。

8．このワークシートで用いられている素材は、*Preaching as Local Theology and Folk Art*, 80–86 にある素材を合成したり、拡充したりしたものである。

9．Thomas H. Troeger, *Above the Moon Earth Rises: Hymn Texts, Anthems, and Poems for a New Creation* (New York: Oxford University Press, 2002), 78.

第**9**章　説教の中で **多重知能** を用いる
Multiple Intelligences

　人類はこの世界を受け止め、処理し、応答するために、驚嘆すべき数の、異なった方法を持っています。言い換えれば、学び、知るための多様な能力を持っているのです。ハワード・ガードナーは、これらの多様な能力を科学的に理解するための「多重知能の理論（the theory of multiple intelligences）」（注1）と呼ばれるものを考案しました。これは説教者にとって有用なツールです。というのは、ほとんどの教会に存在する、多種多様な理解の仕方をする人々の心に、どのようにすれば触れることができるかを示してくれるからです。

　ガードナーによれば、人々は8つの異なった知的能力を持っています。それぞれが、生物学的基盤を持っていて、脳の特定の部分に存在しています。その部分が何かの理由で傷つけられると、人はその能力の幾分かを、あるいは全部を失うのです。例えば脳卒中によって言語能力を奪われることがよくあります。

　妨げになるものが何もなければ、わたしたち全員が8つの能力のすべてを持っています。しかしながら生まれ育った文化と受けて来た教育によって、わたしたちの大部分は、いくつかの能力を他の人々よりももっと洗練されたレベルにまで高めます。例えば説教者は、言語に関する能力が非常に高いことがよくあります。説教をするためには、言語を効果的に用いる必要があるからです。同様に、バスケットボール選手は身体的能力が、建築家は視覚的な能力が、物理学者は数学的な能力が、作曲家は音楽的な能力が高いと言え

るでしょう。ある種の能力が、その人の努力によって秀でているかもしれません が、ここで大切なのは、それとは別の能力も存在していて、それらを高めることができると心に留めておくことです。これを知っていることは、わたしたち説教者にとって大切です。というのは、わたしたちが説教をする中で、ものごとを知るためには多種多様な方法を用いる必要があるからです。わたし（トム）は、説教の中で科学や数学や音楽から例を引いたあとで、科学者や数学者、音楽家が時間を割いてわたしと対話をしてくれたことを、とてもうれしく感じたことがたびたびあります。わたしが説教の中で彼らの最も秀でている能力を用いて語った箇所について、彼らはいつも話し始めます。彼らが世界を受け入れ、処理し、応答するときの主要なやり方にわたしが敬意を表したことがコミュニケーションの架け橋となって、彼らは説教によって創造された世界により深く入っていけるようになるのです。説教者はものごとを知るために多様な方法、「多重知能」を用いる必要があることを、わたしは知るようになりました。それは、個々人の中に、そして彼らがひとつの体として集められた会衆の中にある、ものごとを知る多様な方法と結びつくためです。

　説教する時に多重知能を用いるこの方法は、最初で最大の命令の中に確かな神学的根拠を見出しています。「イスラエルよ、聞け、わたしたちの神である主は、唯一の主である。心を尽くし、精神を尽くし、思いを尽くし、力を尽くして、あなたの神である主を愛しなさい」（マルコ 12:29–30）。心と精神と思いと力は、ヘブライ語で、被造物である人間としてのあなたの全体を言い表すやり方です。神があなたを造られたすべて、神があなたに与えられたすべてです。その中には多重知能も含まれます。わたしたちが神の言葉を説教するときに、ものごとを知る多様な方法を広く用いることによって、わたしたちの丸ごと全部を神に捧げるとはどういうことかを具体化し、「説教は、それぞれの個人の頭脳と心と魂に焦点を合わせてなされる務めである」（注 2）という原則に栄誉を帰すのです。

　以下に、ハワード・ガードナーが示している 8 つの多重知能を表示します（注 3）。

多重知能の一覧

言語的能力（言葉スマート）〔スマート（smart）＝ある分野で働く知性あるいは能力〕

- 語られた言葉や書かれた言葉に敏感
- 言語を学ぶ
- 何らかの目的を達成するために言語を用いる

論理的・数学的能力（論理スマート）

- 問題を論理的に分析する
- 数学的な操作を実行する
- 問題を科学的に調べる

音楽的能力（音楽スマート）

- 演奏のスキルがある
- 作曲のスキルがある
- 音楽のいろいろなパターンを理解する

身体的・運動感覚的能力（身体スマート）

- 体全体を用いる
- 体の一部を用いる（例えば手など）
- 問題解決のために体を用いる
- 物を製作するために体を用いる

空間的能力（絵画スマート）

- 広い空間のパターンを認識し操作する（例えばパイロット）
- より限定された空間のパターンを認識し操作する（例えば彫刻家や建築家）

対人関係的能力（対人スマート）

- 他の人々の意図や動機、願望を理解する
- 他の人々と効果的に働く

内省的能力（自己スマート）
・自己自身を理解する能力がある
・自己自身が効果的に働くモデルを持っている
・自分の生活を効果的に統制する

自然との共生能力（自然スマート）
ナチュラリスト

・周囲に存在する数多くの動植物の種を認識し分類する
・動植物と関わる

　説教者が説教準備の中でこの表を用いるやり方は、2つあります。第1は、聖書のテキストを読んでいるときに、この表を視野に入れておくことです。説教者は言語的能力に焦点を合わせる傾向があって、言葉やフレーズの意味に大きな注意を払いますが、この表は他の能力がどのように聖書テキストと関わりがあるかを気づかせてくれます。そのような気づきは、聖書の言葉をゆっくり読むことを要求しますし、その行為からどのような音が生まれるか（音楽スマート）、登場人物の姿勢や立ち位置はどのようなものか（身体スマート）、聖書の度量衡は現代で言えばどのぐらいか（論理スマート）を想像する時間を取らせます。表現を変えれば、その能力は聖書の言葉によって明示されてはいませんが、その場面を想像する（絵画スマート）中で、多様な能力が聖書の言葉によって喚起されるのです。時には、8つの能力のすべてが働くこともありますが、いつもそうとは限りません。重要な点は、この表を用いることによって、説教者が、それまでテキストの中にありながら見過ごしてきたものを見るようになることです。
　第2に、説教者はこの表を、説教作成の際に用いてきた、ものごとを知る方法のレパートリーを広げるために用いることができます。彼らは、過去の説教を見直して、自分がどの方法を好んでいて、どの方法を無視してきたかに気づきます。それから彼らは、さらに広範囲の聴き手に届く説教をするために、彼らのレパートリーを広げる努力を意識的にできるようになります。

それらの「聴き手」の多くは、単に耳で聞くのではなく、もっとたくさんの能力を用いて説教を受け止め、理解し、それに応答していることに、説教者が気づくからです（注4）。

　以下に、ルカによる福音書24章13–35節についての説教の縮約版を紹介します。エマオ途上の出来事の話です。ここでは8つの能力のすべてが用いられていて、この理論が実践の場でどのように働くかについての理解を与えてくれます。特定の知的能力が用いられているところでは、[　]でそれを示しました。ただ、この説教では、内容を具体的に示すためにジェスチャーや音楽も用いられていて、それはこのページに示すことはできません。エマオに向かう弟子たちを描くために、わたしは落胆した様子で歩いて見せました。主イエスがパンを裂かれたことを語るときには、パンを裂くように両手を挙げました［身体スマート］。弟子たちが失望した心で語った「わたしたちは、あの方こそイスラエルを解放してくださると望みをかけていました」という言葉を引用したときには、元気のない声で語りました。最後に、「主は本当に復活された！」という言葉を引用するときには、正反対の喜びに溢れた声で語りました［音楽スマート］。

　　わたしは40年前に見た漫画を思い起こします。そのイメージは漫画のページを飛び出して、わたしの心に刻まれ、これまでずっと心に残ってきました。でもそのイメージを皆さんに説明する前に、わたしがその漫画を見たときに何が起こっていたかを話させてください。そのイメージがどうしてわたしの想像力を捉えたのかを、皆さんにわかっていただきたいのです［自己スマート］。

　　1960年代の終わり頃のことです。皆さんの中には、60年代を覚えている方もおられるでしょう。あるいは、両親や祖父母から60年代について聞いてきたという方もおられると思います［対人スマート］。ジョン・F・ケネディが暗殺されたのは60年代のことです。彼の弟であったロバート・ケネディ上院議員が暗殺されたのも60年代です。マーティン・ルーサー・キング牧師が暗殺されたのも60年代です。アメリカがヴェトナムでの戦争に行き詰まったのも60年代です。その戦争は

わたしたちの国をふたつに引き裂いて、タカ派とハト派に分けてしまいました。3つの暗殺事件とひとつの戦争が、その10年間を表現する4つの主な出来事となって［論理スマート］、ひとりの漫画家のイマジネーションを育て、わたしにとって忘れられない漫画を描かせたのです。

　ひとりぽっちの人が、ふたつのドアがある部屋の中で、前屈みになって、椅子に座っています［身体スマート］。ひとつのドアには〈出られません〉と書いてあり、もうひとつには〈入れません〉と書いてあります［絵画スマート］。〈出られません〉〈入れません〉。それは単なる漫画以上のものでした。〈出られません〉〈入れません〉は、魂の姿勢を示しています。失望した人間の心を表しています。霊的な荒廃、罠にかかってしまったという思いです。〈出られません〉〈入れません〉［音楽スマート：繰り返される〈出られません〉〈入れません〉が、リフレインとなって、交響楽の主題のようになります。同時にこれは言葉スマートでもあります。これによって聴き手が容易に説教について来られるようになるからです］。

　（それからわたしは、〈出られません〉〈入れません〉の状態にあるいくつかの例を説教の中で紹介しました。依存症、暴力的な人間関係、長びく戦争、貧困化した集落［対人スマート］、気候変動に対する絶望、土壌や水質の汚染［自然スマート］）

　十字架上で主イエスが処刑された後で、弟子たちは〈出られません〉〈入れません〉の状態になりました。2人の弟子がエマオへの道を歩いているのが見えます。すると1人の見知らぬ人が同行者になります。少なくとも、彼らには見知らぬ人に見えたのです。彼らはその同行者に、自分たちがどれほどイエスこそ「イスラエルを解放してくださると望みをかけていた」かを語ります（ルカ24:21）。

　「望みをかけていた」。

　これほど悲しい2語の表現はありません。「望みをかけていた」［言葉スマート］。その疲れ切った弟子たちは、〈出られません〉〈入れません〉の状態でした。ローマの重圧から逃れることができません。暴力と死の支配から逃れることができません。再生への希望に入ることができ

ません。新しい命に入れないのです。

　でもそれから、彼らはその見知らぬ人を家に招き入れます。そして彼は「パンを取り、賛美の祈りを唱え、パンを裂いてお渡しになった。すると、二人の目が開け、イエスだと分かった」(ルカ 24:30-31)[身体スマート]。突然、そこに出口がありました。そこに入り口がありました。キリストが出口でした。キリストが入り口でした。2人の弟子は、キリストが彼らに現れたことを告げるために、何マイルもの夜道を走ってエルサレムに戻りました。彼らがたどり着くと、仲間の弟子たちはその喜びの知らせを聞きました。そしてそれは今日の、わたしたちへの知らせでもあります。「主は本当に復活された!」。キリストは出口です。キリストは入り口です。キリストは抑圧された人生からの出口です。暴力からの、そして死からの、出口です。キリストは、ふたたび生まれるという希望への入り口です。新しい命への、永遠の栄光への入り口なのです。

練習問題：説教において多重知能を用いる

　1. イマジネーションをふくらませながらゆっくりとヨハネによる福音書2章1-12節を読み、どれほど多くの多重知能が用いられているかを知るために、次ページのリストを用いてください。

　コピーしてから、そのテキストがどこでどのように知的能力を用いているかを記入してもよいでしょう。

多重知能の一覧表

言語的能力（言葉スマート）

論理的・数学的能力（論理スマート）

音楽的能力（音楽スマート）

身体的・運動感覚的能力（身体スマート）

空間的能力（絵画スマート）

対人関係的能力（対人スマート）

内省的能力（自己スマート）

自然との共生能力（自然スマート）

2．あなたがすでに何度か説教をしているか、または定期的に説教をして
いるなら、この表を用いて自分の説教を見直してみましょう。どの能力を好
む傾向があるでしょうか。もっと幅広い聴き手に言葉を届かせるためにどの
能力を育てる必要があるでしょうか。説教しながら、自分の声や、顔つき、
仕草、体をどのように使っているかも考えてみてください。これらのものは、
あなたの言葉が用いていない能力を働かせているかもしれないからです。

注

1．Howard Gardner, *Frames of Mind: The Theory of Multiple Intelligences* (New York: Basic Books, 1983). ガードナーの革新的な著作に加えて、わたしたちは以下の著作が説教者にとって非常に役立つことを発見した。序文はハワード・ガードナーが書いている。Thomas Armstrong, *Multiple Intelligences in the Classroom*, 2nd ed. (Alexandria, VA: Association for Supervision and Curriculum Development, 2000).〔アームストロング『マルチ能力が育む子どもの生きる力』吉田新一郎訳、小学館、2002 年〕

2．Teresa L. Fry Brown, in *Purposes of Preaching,* ed. Jana Childers (St. Louis, MO: Chalice Press, 2004), 55.

3．定義は Howard Gardner, *Intelligence Reframed* (New York: Basic Books, 1999)〔ガードナー『MI　個性を生かす多重知能の理論』松村暢隆訳、新曜社、2001 年〕による。カッコ内にある「スマート」という表現は Armstrong, *Multiple Intelligences in the Classroom*, 31–33〔アームストロング『マルチ能力が育む子どもの生きる力』〕による。

4．説教における多重知能の使用に関する、さらなる議論と説教の事例については、以下を参照されたい。Thomas H. Troeger and H. Edward Everding Jr., *So That All Might Know: Preaching That Engages the Whole Congregation* (Nashville: Abingdon Press, 2008).

第 **10** 章　説教の形のレパートリー

　わたしたちはこれまで、経験と聖書を解釈するための多様な方法を、また、与えられた諸感覚を用いて神学の言葉を生きた言葉にするための、そして具体的な現実に根ざした方法で書きまた語るための、多様な方法を見てきました。ここでは、説教者がそれらの方法を用いて、内容が一貫し、聴き手が初めから終わりまで容易に話についてこられる説教を構成するにはどうすればよいかを考えたいと思います。

　常に忘れてならないことは、会衆は説教を読むのではなく、目で見て、耳で聞くのだということです。語られた言葉には、書かれた言葉よりもはるかに有利な点がいくつかあります。人間の声の持つ抑揚や、速さ、調子などが、すばらしいコミュニケーションの働きをするのです。顔の表情や姿勢、身ぶり手ぶりなども同様です。説教者はただ説教の原稿を作るだけではありません。彼らは説教を演じるのです。わたしたちの社会では、「演じる」という言葉は通常、観客を楽しませる意味で用いられるので、それに反発を感じるかもしれません。しかしながら説教学者であるリチャード・ウォードは次のように書いています。「演じる（performance）という言葉は、古フランス語 *par+fournir* に由来し、文字通りの意味は、『完成までやり通す』である。……書斎で書き上げた説教を語るときに、わたしたちは何をしているのだろうか。語ることを通して、それを完成に至らせることではないだろうか」（注1）。説教原稿がどれほど立派に書かれていようと、それをよく演じることができなければ、わたしたちの説教は聴き手に伝わらないでしょう。でも

もしわたしたちが自分の声や体の動きを用いて、説教の内容とぴったり合ったものにしたら、原稿に書かれた言葉に翼を与えることになるでしょう。

　しかしながら、語ることには、書くことにはない不利な点もあります。聴く人は、読む人と違って、困惑させられた文や、理解できない考えの推移などを、遡ってもう一度考えることができません。ですから説教者は、自分の説教を聴く人のために整えることに、最大限の注意を払わなければならないのです。

　同時にわたしたちには、自分自身や、あるいは聴き手を眠らせないために、説教を構成する方法のレパートリーが必要です。それが必要なのは、それぞれ異なる個人である聴き手が、多様なやり方で説教を聴き、それを理解し、応答するからです。ある幅を持った説教の形を用いることは、人々の多重知能を、つまり彼らが学び、知識を得てきた多種多様な方法を認識し、それに敬意を払うことです（第9章）。さらに、聖書自体が、神の言葉を伝えるために多様な方法を用いています。詩、賛美歌、歴史、神話、格言、呪い、祝福、夢、幻、戒め、嘆き、手紙、律法、祈り、預言、譬え話、系図、神学的な議論、そして福音は、すべてわたしたちの正典の一部です。聖書は神を証ししていますが、その神の言葉は数多くの形で表されているのです。

アウトラインとプロット

　説教の形をどのように概念化するか——それは説教作成の創造的なプロセスに非常に大きな影響を与えます。説教の「アウトライン」を考えることと、説教の「プロット（筋書き）」を考えることの違いはどこにあるでしょう。アウトラインは、以下のように、要点や副要点を論理的に整理することです。

　Ⅰ　説教の第 1 の要点
　　A　提示された主題についての議論
　　　1　反対意見への反論
　　　2　主要点をもう一度述べる
　　　　a　例証
　　　　b　例証
　Ⅱ　説教の第 2 の要点……

　1950 年代に育ち、毎週日曜日に教会へ通っていた人間として、わたし（トム）は、このような説教を何度も繰り返し聞いたことを覚えています。家へ帰る途中、母とわたしは、説教で語られた 3 つの要点をおさらいしたものです。のちにわたしが按手を受けてから、ひとりの教会員から次のような話を聞きました。彼が成長して、堅信礼のための学びをしていたとき、毎週のクラスの最初に牧師が質問したのは「今日の説教の 3 つの要点は何だったか」ということだったというのです。それは広く行われていたことでした。そしてこのような論理的アウトラインは、ある種の魅力的な側面を持っていました。人間の記憶力は、物事を 3 つに分けると覚えやすいのです。そしてそのような説教は、熟練した説教者の手にかかると、伝えようとするコンセプトが新鮮で明快なものになって、会衆に対し、知的な面でも健全な信仰理解を与えます。それはあらゆる説教者が、自分のレパートリーに入れている説教の形です。

　クレオ・ラルーは、この形の説教が今でも多くのアフリカ系アメリカ人の教会で用いられ、よい働きをしていると証言しています。「黒人の教会でなされるスリーポイント型の説教（three-point sermon）は、イマジネーションとユーモア、陽気な雰囲気、流れるような物語、絵を描くような語り口、そして聴衆の声を出しての応答という衣をまとっています。このように、スリーポイント型の説教がだめなのではなくて、退屈なスリーポイント型の説教がだめなのです」（注 2）と彼は言っています。

　要点と副要点という古典的なアウトラインの変異形のひとつは、「木の幹」型のアウトラインです。それは説教者が、聖書からひとつのフレーズや節、

あるいはイメージを取り出し、それを説教全体の中で繰り返し語るもので
す。幹に当たるものは説教の主題です。それを繰り返しながら、説教者はそ
の「幹」に、洞察や、物語、イメージ、他の聖書の言葉などの「枝」を加え
続け、中心となる点に様々な角度から光を当て、それを浮かび上がらせるの
です。

わたし（トム）は、「神は岩
である」という主題で語られた
木の幹型の説教を聞いたことを
覚えています。それを聞いたの
はもう40年以上も前のことで
すし、それ以来何千もの説教を
聞いてきたのですが、その幹は
記憶から消え去ることがあり
ません。その説教者は「この
詩人は、神は岩であるとわたし
たちに告げています」と言って
語り始めました。それから彼は、
人々が人生を預ける、あらゆる
形の偽りの安全保証を取り上げ
ながら、繰り返し「神は岩であ
る」という主題に戻っていきま
した。その説教が終わるころに
は、わたしたちは神が「岩である」ことを、つまり究極の頼るべき方である
ことを、感じ取ったのです。

　繰り返しは、口頭でのコミュニケーションの効果的な形のひとつですから、
木の幹型のアウトラインは、一般的に、論理とコンセプトの変化に拠るス
リーポイント型のアウトラインよりも聞く者には追いやすいものです。しか
しながら、電子メディアの影響や、人々が学び、知る方法の多様性に対する
理解の深まり、聖書の中に見られる文学形態の幅広さに対する認識の高まり
を考えると、今日、多くの説教学者が「アウトライン」の形はあまりにも静

的であると考えるようになっています。それは多くの場合に、発展と勢いの感覚を、すなわち、次に来るものに対する聴き手の期待と好奇心に働きかける一種のエネルギーを欠いています。特に要点と副要点を用いるようなアウトラインは、口頭でのコミュニケーションよりも、印刷された小論文にふさわしいものです。そのようなアウトラインは、目で追うのは容易ですが、耳で追おうとすると、人並み外れた注意力を必要とします。

　ユージン・ラウリーは、説教をアウトラインとして築き上げることに対して、最も本質的な批判を加えています。そして本章での議論は、ラウリーの著作に多くを負っています（注3）。ラウリーは、説教は時間の中で起こるものだと言います。それは空間を占有する建物とは違って、むしろ音楽や映画に近いものです。したがって説教については、そのアウトラインや構造について語るよりも、むしろその「プロット」について語る方が理に適っています。説教は時間の中を動いて、聴き手を旅へと連れ出すべきものなのです。

　ラウリーは、コンセプトを示す要点（conceptual point）よりも、多くのドラマの場面（stage）を示唆します。効果的な説教は、ひとつの場面が次の場面へと移っていくことを通して、緊張感と勢いを発現させます。最初の場面は「均衡状態を乱す」ことです。説教者はひとつの問題、ひとつの状況を描きます。落ち着かず、結末がすぐには明らかにならない状況です。イスラエルにおいて何かがうまくいっていません。あるいは、福音を通してイエスと出会った人々の生活において、もしくは現代の人々の経験においてうまくいっていません。その状況は、演劇や映画の最初のシーンのように、聴き手を引き込みます。彼らは、次に何が出てくるのだろうと話に耳を傾け、そのようにして説教の第2の場面に心を備えます。そこでは「食い違いが分析され」、なぜ、そしてどのようにして、生活の中でものごとが間違った方向へ行ってしまうのかを聴き手が理解します。それから第3の場面になり、「解決への鍵が明らかに」なります。説教者は福音の洞察を示して、贖いの可能性を明らかにします。最初の状況では隠されていたものです。しかし説教は、鍵を示すだけでは終わりません。それはさらに「福音を経験する」ところまで進みます。それは、生きておられるキリストとの出会いを通して心の中に起こる、驚きと恵みと希望の感覚を得ることです。最終的に、その経

験が「結果として起こることを期待する」ところへと、つまりわたしたちが
受けた福音をいかに生き具体化していくかを示すヴィジョンへと、聴き手を
導くのです。

　ラウリーは各段階で聴き手の中に起こる感情を捉えた、感嘆の言葉を示し
ています。

1. 均衡状態が乱される（Oops あらら）
2. 食い違いを分析する（Ugh うー）
3. 解決への鍵を明らかにする（Aha ほう）
4. 福音を経験する（Whee やった）
5. 結果として起こることを期待する（Yeah そうそう）

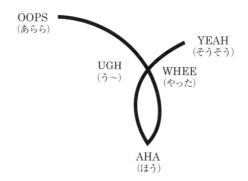

　これらの感嘆の言葉を声に出して読んでみれば、「ラウリーの輪（Lowry
loop）」として知られるようになったものを口頭で体験することができるで
しょう。それは、福音が神の恵み深さによってわたしたちに新しい驚きを与
えることに伴い、説教が予想外の展開をする道を示すものです。

ムーブ

ラウリーと同じように、デイヴィッド・バトリックも、説教の中に要点を

設けることに反対しています。彼は、話の中に要点を設けることは、「もの
ごとを合理的に、距離を置いて指し示す」ことであり、「語られるべき確定
した真理が『あそこに』ある」と見なす客観主義であると主張します（注4）。
それに代わって、言語とスピーチの動きという観点から考える必要があると
いうのです。わたしたちがお互いに会話をするとき、ある種の論理によって
結びついた一連の言語モジュールを用いています。わたしたちが話をすると
き、そこにはひとつの流れがあって、わたしたちの説教の中ではその流れが
再現される必要があります。このような洞察からバトリックは「ムーブ」に
基づいて説教を構成する方法を提案しています。

　バトリックによると、ムーブは以下の3つの要素から成り立っています。

　1.　神学的な理解または概念
　2.　対立（提示された神学に対するわたしたちの理解やそれへの支持を妨げる
もの。バトリックはそれらを対位法 contrapuntals と呼ぶ）
　3.　実際の生活の現実（日常生活のどこで、このリアリティが肉体化している
か。わたしたちはどこで、そのリアリティを経験しているか）（注5）

　説教の動き（ムーブ）について、バトリックは以下のような例を挙げてい
ます。

　　わたしたちは罪人です［最初の神学的提言］。「罪人」、この言葉は古
　風に聞こえるかもしれませんが、しかしこれは真実です。わたしたちは
　すべて罪人です。でも、最近のわたしたちはこの言葉を避けています。
　わたしたちは「不安」があると言ったり、（自分の状況を説明するために）
　心理学の用語を並べ立てたりするでしょう……［彼は「対位法」を示
　し、語る。つまり、自分自身をこのように見ることに人間として抵抗す
　る］。しかし何度も繰り返し、わたしたちはこの古い聖書の言葉に帰っ
　て来るのです。わたしたちは全員、罪人です。確かに、わたしたちは毎
　日の新聞で、罪について読むことができます。殺人やレイプなどの大き
　な罪は太字の見出しになります。そして確かにわたしたちは、他人の生

活の中に罪を見出すのです。「彼女は他人のことを考えていない」とか「彼はうぬぼれ屋だ」とわたしたちは言います。しかし、自分の生活の話になると、自分の罪を認めることがどれほど難しいか［さらなる「対位法」］。恐らく、わたしたちが罪を意識するのは、わたしたちが後悔して、心の中で「戻って謝らなければならない」と思う、ほんの一瞬のことです。でもわたしたちは何もせず、そのときは過ぎ去ります。あるいは、納税の時期に、小切手帳の控えをパラパラめくりながら「もっとたくさん寄付すればよかった」と思うときです。あるいは、若者たちが自分の人生に大きな夢を抱いているという話を聞いて、わたしたちが突然「自分はちっぽけな生活に収まってしまった。なれるはずだったものになっていない」と考えるときです。それからわたしたちはその場を立ち去って、忘れようとするのです［自分が罪を犯していると気づく、現実の生活上の経験を指摘する］。皆さんお聞きください、この世界は罪人と罪のない人のふたつに分かれるのではありません。心の深いところで、わたしたちは自分の生活が妥協の産物であることを知っているのです。「わたしたちは愛することになっている」と探偵小説の主人公は言います。「しかし誰もが失敗する」。罪人、それは聖書の言葉です。そしてわたしたちは、それが本当だと知っています。ここにいるわたしたちはすべて、罪人なのです［最初の神学的テーマ／概念を繰り返す］（注6）。

　説教の構造は、導入と結論と、その間の一連のムーブで構成されます。典型的な構造は以下のようなものです。

　導入：この説教がどのような説教か、そこで何が語られるかについて聴き手に約束をします。説教の方向性を明確にします。
　ムーブ1
　　結合部：結合部では、間を取ったり、同じ言葉を繰り返したり、移行するための言葉（transitional phrase）や、ひとつのムーブを完成させ、次へと導くまとめの言葉が語られたり、次を導き出す別な話や事例が挙げられます。多くの場合、話題の移行は説教を書くうえ

で一番難しいところで、もし説教のふたつの部分をつなぐ適当な結合部が見つからないときは、説教の論理的な流れに問題があるかもしれません。

ムーブ2

　　結合部

ムーブ3

　　結合部

結論：一般的に、結論では、新しいムーブや概念の紹介をすべきではありません。ここでは、これまでたどってきた説教の旅を完成させるべきです。

　わたし（ノラ）は、説教の流れを描くこのやり方は、わたしが語るほとんどすべての説教に適用できることに気づきました。わたしの「ムーブ」は、いつもバトリックの処方の通りではありませんが（例えばわたしは、物語の構造や、問題／解決の構造を用いることがよくあります。以下で論じられる別な説教の形を見てください）、説教の原稿を書き始める前に、その説教のムーブを構想するという考えの全体は、その説教の全体が論理的な一貫性と流れを持つことを確かなものとするために、非常に有用です。

説教の形を選択するときに考慮すべき原則

　説教者の務めを果たす中で用いる説教の形のレパートリーを豊かにしておくことの重要性については、非常に納得のいく多くの理由が挙げられます。これまで取り上げた理由——聖書自体が多様な伝達の形を用いていること、会衆もそのひとりひとりも、説教を受け止め、自分のものにする方法が違うこと——に加えて、説教の形が多様であることは、説教が退屈になり、陳腐になることを防ぐよい方法でもあります。わたしの知っている多くの牧師たちは、説教を書くときに用いるいつもの形を、つまり何度も繰り返して用いてきた形を持っています。それ自体は悪いことではありません。わたしたちは誰でも、説教するときに、信頼できるいつものやり方を必要としています。

しかしながら時が経てば、説教者と会衆の双方が、同じやり方で構成された説教に飽きることもありうるのです。それをかき混ぜることは、多様な面を持つわたしたちの聖書と信仰により忠実であることを助けるだけでなく、わたしたちの説教を新鮮で新しいものに保つ助けにもなるのです。

そのうえ、説教の構造は神学を内包するものです。例えば、物語の説教は、神が物語を通して知られる方であることを示しています。論理的な話は、神が理性を通して知られる方であることを示し、個人的な経験を用いることを特色とする説教は、神が個人の経験を通して知られる方であることを示しているのです。実際は、神はこれらのすべてを通して、そしてそれ以外の多くの方法を通しても知られる方です。ひとつの説教の形に収まってしまうことは、神がどのようにして啓示されるかについてのわたしたちの理解を限定してしまいます。わたしたちは、自分が説教で何を語るかによって、神学を伝えるだけではありません。それをどのように語るかによっても、神学を伝えます。神がご自分を啓示される方法は広く、また多様なので、その神に忠実であるために、わたしたちは説教の形のレパートリーを必要としているのです。

本当のことを言えば、説教の形の可能性を限定してしまう唯一のものは、説教者自身のイマジネーションです。ヨハネによる福音書の最後の言葉「イエスのなさったことは、このほかにも、まだたくさんある。わたしは思う。その一つ一つを書くならば、世界もその書かれた書物を収めきれないであろう」（ヨハネ 21:25）について、C・S・ソンは次のように述べています。「ヨハネによる福音書を締めくくるこれらの衝撃的な言葉は、イエスに関する物語の持つほとんど無限の空間をわたしたちに開いています。その物語を語り尽くせるものは、この世に存在しません。ただわたしたちの貧しいイマジネーションを除いては」（注7）。

ですから、ひとつの説教を構成するために、多様な方法があるのです。その範囲は、ガチガチの伝統的なアウトラインの方法から始まって、より現代的で実験的なものにまで及びます（注8）。しかしながら説教においては、建造物におけるのと同様に、形は機能に従うものであることを忘れないことも重要です。説教者はまず、説教で自分が何を語り、何をするかを決めなけ

ればなりません。つまり、説教のフォーカス（焦点）とファンクション（機能）を決めるのです（第4章を参照してください）。そしてそれから、それらの目的を達成できる説教の形を開発します。

上記以外の5つの説教の形

　以下のセクションでは、これまで取り上げたもの以外の5つの説教の形を紹介します。これらはわたしたちが好んで用いているものか、あるいはある種の説教の伝統にある教会で大事にされてきたものです。ここに挙げられたものですべてが尽くされているわけではありません。これらは説教者自身のイマジネーションに示唆を与えたり、それを呼び起こしたりする呼び水として有用なものです。

1.　物語の形：わたしの物語、聖書の物語、わたしたちの（会衆の）物語

　物語の形は、現代の様々な教派に属する多くの牧師たちに用いられています。ルター派の説教学者で20世紀半ばの有名なラジオ伝道者であったエドマンド・スタイムルは、その著書『物語を説教する（Preaching the Story）』の中でこの形について詳しく述べています（注9）。説教者は、自分が個人的に経験したことか、日常生活の中で気づいたことやメディアを通して知ったことから説教を始めます。それから説教は聖書の物語の再話に移ります。それらと最初の物語との結びつきを強調し、それが明らかになるように話すのです。最後に、説教者は会衆自身の物語に移ります。福音書の物語が意味していることを引き出して、今日の生活に適用するのです（注10）。

説教例：エドマンド・スタイムル
「台風の目（The Eye of the Storm）」

A.　わたしの物語

　「ハリケーン・ヘイゼルがフィラデルフィアを襲います。台風の目のただ中は『すべてが静かで、すべてが輝いています』〔「きよしこの夜」の英語の歌

詞の一部〕。でもそのあと、大混乱が起こりました……」。

B.　聖書の物語

　「クリスマスイブも、それと似ています。台風の目を経験するようなこと
です……マリアは……麻酔なしの陣痛の痛みと出産ののち、休んでいます。

　幼な子は……布にくるまり、わらの中ですやすやと眠っています。少なく
とも、わたしたちはそう考えるのが好きです」。

　しかし「間違えないように。彼は今、嵐の中心にやって来たのです——誕
生の前と後の嵐の中心です。誕生前の嵐は——」（スタイムルはここで、ノア
の洪水の話から、出エジプトを経て、ローマの支配による圧政に至るまでの救い
の物語を語ります）。

　「そしてこの後の嵐は——ヘロデによる、罪のない2歳以下の男の子の大
量虐殺です。飼い葉桶で眠っている幼な子の脅威に対処しようとしたヘロデ
の狂気の行動です」。

　「クリスマスのときにわたしたちが忘れやすいのは、この愛すべき誕生の
物語が……子どもの話ではないということです。……これは、大人のキリス
ト者のための、大人の話です」。

C.　わたしたち（会衆）の物語

　「わたしたちは、わたしたちを取り巻く世界の中にある混乱と破壊を知っ
ています。中東やアフリカ南部、北アイルランドで行われている暴力行為、
第三世界の飢え。身近なところでは、路上での強盗、失業（受動的な形の残
酷暴力行為）、ゲットー、黒人への不当な行為、スラム街にはびこる貧しさ
とインフレ、そして周囲の無関心……」。

　「大切なことは、クリスマスイブにも、これらのことを忘れない、あるい
は締め出してしまわないことです。台風の目の中に立っている人のように、
わたしたちはそれらすべてのことに気づいているのです。もしあなたが今夜、
それらすべてを忘れたいと思うのなら——いいでしょう、家に帰って、ホワ
イト・クリスマスを夢見るビング・クロスビーを聴いたらよろしい。家の中
ならそれができる——しかし、ここではできません」。

　「クリスマスは、この嵐を忘れるものではありません。クリスマスは、その嵐のただ中で宣べ伝えられる平和を語るものです——それは『あらゆる人知を超える神の平和』〔フィリピ 4:7〕です。というのは、それは争いや痛み、苦しみ、暴力、そして混乱から離れたところにある平和ではないからです。……それは台風の目の中にある静けさのような平和です。その真ん中にあるような平和です。本当に、あらゆる人知を超えた平和です。わたしたちは、この嵐が、破壊が、暴力が、絶望が、最後の決定的な言葉を持っているのではないという確信から生まれる希望の中で喜ぶのです。この嵐のただ中で、神が——わたしたちにこの『静かな夜（Silent Night）』を与えてくださる神が、最後の言葉を持っておられるのです」。

結論

　「だから喜びましょう……キャロルを歌いましょう……昔の話に耳を傾け、ろうそくに火を灯しましょう……そして喜びましょう——家族と共に、友人と共に、そしてすべてのものの上にいて、すべてのものを貫き、この幼子となってわたしたちのところへ来るという奇跡を起こされた神と共に、『すべてが静かで、すべてが輝いている』この夜を、喜び祝いましょう」。

2.　ひとつのイメージを中心に組み立てられた説教

　聖書はイメージで満ちています。そしてそれらの多くが、説教をひとつにまとめる主要なメタファーになりうるものです。命のパンであるイエスや、キリストがよい羊飼いでわたしたちはその羊、キリストがぶどうの木でわたしたちはその枝、キリストの体である教会、などについて語った説教をどれほど多く聞いてきたかを思い起こしてください。しかし、イメージを聖書に限定する必要はありません。わたしたちのほとんどは、頭の中に絵画や写真のギャラリーを持っていて、そこには特別な写真や絵、漫画、好きな映画の場面、愛唱賛美歌のイメージ、詩や物語、毎日の生活の中のシンプルなイメージなどが収められています。それらのすべてが、説教の中で有効に用いられうるものです。

プラシア・ホールは、ハンプトン大学の牧師研修会で行った「荒野と崖の間」（注11）という題の説教を、聖書のイメージで組み立てました。ホールは、ルカによる福音書4章にあるイエスが故郷で行った説教が、「荒野」と「崖」の間でなされていることを思い起こさせることから、説教を始めています。イエスが40日間にわたってサタンの誘惑を受けた「荒野」と、イエスの語ったことを聞いて腹を立てたナザレの人々が彼を連れて行って突き落とそうとした「崖」の間です（ルカ4:28-30）。

　　　これがキリスト教の宣教のコンテキストです。これがわたしたちの主の宣教のコンテキストです。これがキリスト者の生活のコンテキストです。これがアフリカ系アメリカ人の生活と戦いのコンテキストです。これが福音の説教のコンテキストです。そして天におられる神は、それが女性の牧者の宣教のコンテキストであることをご存じです。わたしたちは、荒野と崖の間で説教し、祈り、教え、癒やし、助け、祝福しているのです（注12）。

　それからホールは、荒野と崖でイエスが経験されたことを語って、それをわたしたちの経験と並べることに、説教の主要な部分を費やします。「荒野」とは、わたしたちがイエスと同じように、自分のアイデンティティと自分の任務を放棄するように誘惑されるところです。「崖の誘惑」とは、わたしたちが語ったメッセージに憎しみを抱いてわたしたちを突き落とそうとする「群衆に対する軽蔑（の餌食になること）です」（注13）。その両方の誘惑と戦うように、そして、十字架の上で荒野と崖を相手に戦い、最終的に勝利されたキリストの歩みに従うようにと、ホールは呼び掛けます。
　他方、ニューヨークにあるマディソン・アヴェニュー・バプテスト教会の牧師であるスーザン・スパークスは、日常生活の中のイメージを取り上げます。それは堆肥の山です。悪臭を放つゴミがコンポストを通して肥沃な土になることを取り上げて、コロサイの信徒への手紙3章8-10節でパウロが、わたしたちの怒りや憎しみや悪意を処理するようにと呼び掛けていることのイメージとして用います。彼女は、最近ウィスコンシン州の山荘に旅し

たことを説教の初めに取り上げます。そこで彼女の家族が、チーズや卵、ブルーベリーマフィン、「船着き場で釣ったばかりの新鮮な魚」で盛りだくさんの朝食を済ませたあと、その日の予定に出かけました。彼らが山荘に戻ると、エアコンの止まった 30 度を超える蒸し暑さの中で、魚と卵の腐った臭いが部屋にあふれていました。スパークスは、どのようにしてペーパータオルで作ったガスマスクを身につけ、ゴミを運び出して堆肥の山へ運んだかを語ります。彼女は言います。「神は堆肥の山を祝福してくださる。庭仕事をする人たちは誰でも、堆肥の山が起こす魔法を知っています。そこでは、悪臭のする魚の死骸や卵の殻が、肥沃な黒い土に変わります。その土で香りのよいラヴェンダーや、明るい色のキスゲの花が育つのです」(注 14)。

それから彼女は、聖書テキストに移ります。

> 山荘を消毒してから、わたしは座って、説教準備のためにその週の聖書日課の箇所を読みました。コロサイ書の第 3 章を読んだのです。堆肥の山とパウロの言葉に類似点があることなど、誰が知るでしょう。彼は庭師だったのでしょうか。「怒り、憤り、悪意、そしり、口から出る恥ずべき言葉(『ゴミ』)をすべて捨て去りなさい。そして新しい人を身につけなさい」。

2000 年後に、パウロはわたしたちすべてに問いかけます。

> あなたは、どのようなゴミ(怒り、恐れ、恥、嫉妬)を、堆肥の山に投げ込む必要がありますか。そしてそこであなたは、新しく美しいどのようなものを育てますか。

それからスパークスは、3 つの段階を経て怒りを処理する方法を示します。(1)「ゴミを外に運び出す」(怒りから離れ、それと距離を置く)。(2)「それを堆肥の山に投げ込む」(怒りを捨て去り、神に引き渡す)。(3)「そこに何か美しいものを育てる」(「堆肥の中で、怒りは思いやりに、恐れは深い洞察に、痛みは強さに変わりうる」)(注 15)。

最後に、彼女は説教の中で、そのようなことは個人のレベルだけではなく、政治的なレベルでも起こることを強調します。

　　最近議論になった「パーク51」のことを考えましょう。グラウンド・ゼロの近くに設けることを提案されたイスラム教のコミュニティセンターです。この提案に対し、数限りない反対や、批判的なブログ、憎しみに満ちたラジオやニュースのコメントによるバッシングがありました。ある人々は、これは「巨大なモスクだ。イスラム過激派の巣になる」と言いました。
　　9月11日にニューヨーク市にいて、瓦礫から立ちのぼる煙の臭いを嗅ぎ、2番目のタワーが崩壊するのを見た者として、わたしは「みんなが、すべての人が、それを堆肥の山に投げ込む」と言うときに、平安と慰めを感じます。恐れと無視を語ることは家の中を臭くします。それは恐怖でしかありません。ゴミを外に運び出して、堆肥の中に投げ込みましょう。そこから、美しい何かが育つでしょう。例えば、多様な信仰の人々が集まるコミュニティセンターや、礼拝の場所のような美しいものが、9月11日を記念して育つでしょう（注16）。

　わたしたちが使徒パウロのアドバイスに従ったときに生活の中に起こりうる変化を示すために、スパークスが、目に浮かぶような力強いイメージだけを用いているわけではないことに注意しましょう。彼女は同時に嗅覚をも用いて、わたしたちの生活の中の「ゴミ」が、わたしたちの中でなされる神の働きを通して変化し、よい香りを放つ花が育つことを示しているのです。
　イメージを中心に形作られた説教の例の3つ目は、メアリー・リン・ハドソンがメンフィス神学校の礼拝堂で行った「わたしは世界を夢見る（I Dream a World）」（注17）という説教です。彼女はその説教の初めに、ある地方のギャラリーで行われた写真展に行った話をします。そこには、社会に変化をもたらした75人のアフリカ系アメリカ人女性の写真が掲げられていました。その中には、コレッタ・キング（Coretta King）、オプラ・ウィンフリー（Oprah Winfrey）、レオンティン・プライス（Leontyne Price）など、何

人かよく知られた人もいましたが、それ以外は無名の人たちでした。セプティマ・ポインセット・クラーク（Septima Poinsett Clark）は「教育こそが力を持つ鍵だと信じ」、そして「南部地方一帯に、革新的な市民スクールを展開しました」。ジョセフィン・ライリー・マシューズ（Josephin Riley Matthews）は、「資格を持つ助産婦で、サウスカロライナの農村で、黒人も白人も含めて1300人以上の赤ちゃんを無事に取り上げました」。マーヴァ・ネットルス・コリンズ（Marva Nettles Collins）は、シカゴのウエストサイド中等学校の設立者で、そこでは貧しい子どもたちが単に学ぶだけではなく、地域に奉仕をするのです（注18）。これらの女性たちは「敢えて世界を夢見ました。そして彼らの勇気と愛によって、自分の夢を生き、それを現実のものにしたのです」（注19）とハドソンは言います。

　ハドソンは続けて、聖書と歴史の中の預言者、使徒、聖人たちの話をします。預言者イザヤ、使徒パウロ、そしてマーティン・ルーサー・キングJrなどです。彼らの肖像は「わたしたちのイマジネーションのギャラリー」に掲げられていて、その下には「世界を夢見た人」という銘が書かれています。マーティン・ルーサー・キングの「わたしには夢がある（I Have a Dream）」の一部を紹介したあとに、ハドソンは会衆に対して、説教に参加しそれぞれの夢をお互いに分かち合うようにと招きます。「わたしはあなたがたを、今、自分の夢を口に出して分かち合い、自分たちが夢見る世界の絵を描くようにと招きます。それを皆が一緒に見ることができるように、あなたの夢を大きな声で語ってください。語るときには『わたしは、こういう世界を待ち望んでいる。それは……』と言って始めてください。そしてその夢を支持したいと思った人は『アーメン』と言って答えてください」（注20）。彼女は、こういう言葉で説教を結びます。「あなたのヴィジョンをしっかり抱いていてください。夢を見続けてください。新しい創造の中へと歩みを進め、やがて来る、神の栄光に満ちた平和の日に向かって生きていきましょう」（注21）。

　この説教に対する自身のコメントの中で、ハドソンはこう書いています。「預言者のヴィジョンについて語る代わりに、あるいはこれらのリアリティの目的を説明する代わりに、わたしは自分の説教が人々を動かして、彼ら自身の中にある預言者の声に耳を傾けさせ、自分の考えを声に出して表明する

勇気を見出させることを願ったのです。……ヴィジョンを表明することは、単なるイマジネーションの行為ではありませんでした。それは教会に力を与えて、自分たち自身のために新しい世界を求めるように励ましたのです」（注22）。

3. 問題と解決

　ニューヨーク市のリバーサイド教会の設立者であり、20世紀前半の著名な説教者でもあるハリー・エマーソン・フォスディックは、自身の説教の中でいつも、問題／解決の形を用いて大きな成果を上げました。フォスディックの説教の出発点は、ほとんど常に牧会的な関心事（例えば孤独、失敗への対処、あるいは人生に意味を見出す方法）、現代の倫理的問題（例えば戦争）、あるいは神学的な論争（例えばファンダメンタリストと現代主義者の議論）で、それから彼はそれらを聖書的、神学的な視点から検討し、語ったのです。

　現代の説教でこの形を用いるとすれば、それは、キリスト者が直面する倫理的な問題（移民制度の改革、ホームレスの問題、世界的な健康危機）、教会の中の神学的な相違（ゲイとレスビアンへの按手を巡る議論）、あるいは聖書自体の中にある緊張（例えば、ヨハネ福音書の初めにあるふたつの物語——カナの婚礼で水をぶどう酒に変えて婚宴の座を盛り上げた話と、神殿で聖なる怒りを爆発させて両替人の台をひっくり返した話——のどちらが実際の主イエスか）を扱うときです。

説教例：ハリー・エマーソン・フォスディック
「ファンダメンタリストは勝利するか」

問題

　フォスディックは、ファンダメンタリストと現代主義者の論争の状況を説明します。ファンダメンタリストは科学とキリスト教信仰は両立しないと主張し、フォスディックのような現代主義者は、そうではないと言うのです（注23）。彼は特に、ファンダメンタリストが科学に関して主張している聖

書の無謬性の教義について、イエスの処女降誕と再臨の両方を取り上げて闘います。彼は説教のこの部分を、「（これらの対立するグループの）どちらかが、他方を（教会の外へ）追い出すことになるのか」（注24）という問いで結びます。

解決

ファンダメンタリストの側の非寛容の前で、フォスディックは、現代主義者である彼の会衆に対して、代わりとなるふたつのアプローチを受け入れるようにと呼び掛けます。(1)「寛容の精神とキリスト者の自由」（注25）、そして（2）「世界が大きな困窮の中で死にかけているときに、キリスト教会が些末な事柄で争っていることを恥じて悔い改める心」（注26）です。

結論

「これまでわたしは、この教会で、非寛容が強調されるのを目撃したことはただの一度もありません。神がいつでもわたしたちをそのように保ち、キリスト者の交わりが広がる場としてくださいますように。わたしたちが知的に相手を受け入れ、開かれた心で自由を愛し、公正で、寛容でいられますように。その寛容が、信仰を重んじないための無関心から生じる寛容ではなく、主の戒めのより重要な事柄をいつも強調していることから来る寛容でありますように」（注27）。

4. 主論−反論−統合

　バージニア・ユニオン大学の神学部で長く説教を教えてきたサミュエル・プロクターは、ヘーゲルの弁証法に基づいた、主論／反論／統合の構造を提唱してきました（注28）。この形の説教は、歴史上、多くのアフリカ系アメリカ人の神学校で教えられ、マーティン・ルーサー・キング Jr. などの著名な説教者によって用いられ、大きな成果を上げてきました。

　この形の説教は、多くの人が真実だと思っていること、主論から話が始まります。次に説教者はその主論に対する反論を提示します。主論がそれほど正しくないとわたしたちに思わせる事柄です。それから最終的に説教は統合

へと向かいます。より複雑な真理が明らかになるところです。

説教例：マーティン・ルーサー・キング Jr.
「キリスト者は共産主義をどう考えるべきか」

主論：「共産主義とキリスト教は、根本的に両立しない」（注29）。

この主論を支持する議論（注30）：

1. 共産主義は「唯物論的、人間中心的な生命観を持っている」、そして「神とキリストに存在の余地を与えない」（注31）。

2. 共産主義は「倫理的な相対主義に基づいていて、絶対的で不変の道徳を受け入れない」（注32）。

3. 「共産主義は、最終的な価値をその国の体制に帰する」（注33）。

4. 共産主義は、最終的に自由な人間性を奪い取り、人間を結局は「永遠に回り続ける国家の、人間性を奪われた歯車のひとつにしてしまう」（注34）。

反論：しかし、共産主義も真理を主張していて、それはキリスト教の世界観と一致している。

反論を支持する議論：

1. 共産主義は教会に挑戦状を突きつける、というのは使命という点から見て真実ではない。特に、社会正義や人種間の平等性の点で、貧しい者、搾取されている者、権利を奪われた者に対する主イエスの関心を思い起こさせる（注35）。

2. 共産主義は、わたしたちが「伝統的な資本主義の弱点を正直に吟味する」ように、わたしたちの背中を押す（注36）。

統合：神の国は、個人の事業の論理（主論）でもなく、それに反対する集団の事業の論理（反論）でもなく、両方の真理を和解させる統合である（注37）。

5. 会衆を行為の経験に招く

第9章における多重知能の研究から、わたしたちは、人々が何かを学んで身につけるひとつの方法は体を通して現実を処理することであることを知りました。文化が異なれば、どんな姿勢や仕草が礼儀正しいと見なされ、どんなものがそうでないかは異なります。わたし（トム）は最近、外国旅行から帰りましたが、その国では足を組むことは失礼だと考えられているので、そうしないようにと言われました。わたしは日頃から足を組む生活をしていたので、最初の数日間は、思わず足を組んで、慌ててそれをやめることを繰り返しました。身についてしまった習慣は、骨の髄まで染みこんでいるので、容易に変えられません。会衆に簡単な体操をさせたり、説教者自身が特定の姿勢をとったり仕草をしたりすることが、説教を創り出し、語るための有効な方法になりうるのは、このためです。

例えば、わたしは1980年代に語られた、ジョーン・デラプレイン（Joan Delaplane）修道女の、腰の曲がった女性の話（ルカ13:10–17）についての説教を思い起こします。デラプレインは説教の前半を腰を曲げたまま行い、イエスが彼女を癒やされた話をするまで、まっすぐに立ちませんでした。その単純な姿勢と仕草が、わたしたちは神以外の誰に対しても自らの自由意志によって腰を曲げることはしないというデラプレインのメッセージを、わたしの心に伝えたのです。

時には会衆の全体がこういう行為に招かれます。かつてわたしは、説教の初めに、会衆に対して、普段しているように座って手を組み、目を閉じ、頭を垂れて、主の祈りを祈るように言ったことがあります。それから彼らに、立って古代の祈りの姿勢である *orans* の姿勢を取って、すなわち、手を広げて上に上げ、頭を上げて目を開き、もう一度主の祈りを祈るように言いました。その後の説教では、これらのふたつの祈りの姿勢を取り上げて、それぞれの形に具体化されている真理について語りました。手を組み、頭を垂れて、目を閉じる姿勢は、祈りの内面性を強調しています。この世の惑わしを締め出して、心の深いところに神を見出すのです。手を広げて上に上げ、頭を上げて目を開く姿勢は、世に対して注意を怠らず、いつでもみ言葉を受け取れるように、そしてふたたび来られる方に対して目覚めている必要があるこ

とを体現しています。完全な祈りの生活は、両方の姿勢を受け入れると同時に、他の姿勢、例えばひざまずく姿勢や、ひれ伏す姿勢をも受け入れる余地を持っています。体でそのような姿勢を取らなくても、心と魂でその姿勢を取ることができます。しかしながら、会衆の心の中に説教を根づかせるのは、両方の姿勢で主の祈りを祈るように説教の中で招かれたという、実際の経験です。その説教については、その後も長い間、人々が語るのを耳にすることになりました。人々が牧師との対話の初めに「今わたしは、このような姿勢で祈る必要があります」と言い、頭を垂れ、目を閉じて祈るか、立って、手を上げて祈るのです。身体的・運動感覚的能力を用いることが、彼らの考えと記憶の中に説教を根づかせたので、彼らはそれから後も長い間、祈りの業を続けることができました。

　単純な行為の経験を用いることによって、わたしたちの説教は言葉を超えて働くようになります。それはわたしたちに、福音は単に言葉で語られるだけでなく、体を持つことを教えます。つまり、わたしたちが説教するみ言葉は、受肉するのです。ここに例として挙げたものは、感謝に関する説教の冒頭です。わたしたちが感謝の思いを、過ぎ去って行く思いとしてではなく、わたしたちという存在全体の表現として経験する助けになることを願って語られたものです。

　　最近わたしは、人間の心臓は握りこぶしほどの大きさだと書いてあるのを読みました。それは平均すると1日に10万回鼓動するそうです。あなたの右手か左手でこぶしを作り、それが心臓が鼓動して血液を動脈や静脈に送り出すように、開いたり閉じたりしてみてください（わたしは黙ってしばらく待ちます。その間15秒間ほど握りこぶしを開いたり閉じたりし、会衆も同じようにします）。

　　もう疲れましたか。やめないでください。それはあなたの心臓なのですから（終わりにわたしはこぶしを動かすのをやめて、会衆もやめてよいことを示します）。

　　もし心臓が1日に10万回鼓動するなら、1週間では70万回になります。10週間では700万回です。そして10週間を5倍すると、50週間

にわたしたちの心臓は 3500 万回鼓動することになります。でも 1 年間にはまだ 2 週間足りません。ジョギングしたり犬や猫を追いかけたりして鼓動が増えた分も考慮に入れていません。こうしてわたしたちの心臓は、1 年間におよそ 4000 万回鼓動することになります。10 歳になるまでに、わたしたちの心臓は 4 億回鼓動します。20 歳までには 8 億回です。30 歳までには 12 億回です。わたしの心臓はこれまで、24 億回鼓動したのです。あなたの心臓はどうでしょうか。

　単純な質問があります。これらの心臓の鼓動に対して、皆さんは請求書をもらったことがありますか。わたしはこれまで一度も「トロウガーさん、あなたは 67 年の間、心臓の鼓動に対して、料金を払っていませんね。今すぐ払ってください。そうでないとサービスを停止します」という警告を受けたことはありません。

　存在していることは、恵みです。生まれたことは、贈り物です。その代金を稼ぐために、わたしたちはまったく何もしていません。この次、神が一体自分に何をしてくれただろうかと考えることがあったなら、脈に触れてみてください。そして心臓が動くたびに、こう言ってください。ありがとう、ありがとう、ありがとう、ありがとう、ありがとう、ありがとう、ありがとう、ありがとう、ありがとう、ありがとう、ありがとう、ありがとう（わたしは腕を差し出し、話しながら脈を取り、最後の言葉を繰り返しながら席に戻ります）。

練習問題：説教の形を用いる

　この章で論じた形（できればこれまであなたが用いたことのない形）をひとつ選んで、その形を用いてどのように説教を展開させることができるか考えましょう。あなたは特定の聖書の箇所を想定しているかもしれませんし、神学的に、あるいは主題的に、説教を展開させたいと思っているかもしれません。その説教の輪郭を書いてみましょう。

注

1. Richard Ward, *Speaking from the Heart: Preaching with Passion* (Nashville: Abingdon Press, 1992), 77.

2. Cleophus J. LaRue, *I Believe, I'll Testify: The Art of African American Preaching* (Louisville, KY: Westminster John Knox Press, 2011), 24.

3. Eugene L. Lowry, *The Homiletical Plot: The Sermon as Narrative Art Form*, expanded ed. (Louisville, KY: Westminster John Knox Press, 2001).

4. David Buttrick, *Homiletic: Moves and Structures* (Minneapolis: Fortress Press, 1987), 23.

5. Ibid., 33.

6. Ibid., 35. ［　］内のコメントは筆者による付加。

7. Choan-Seng Song, "Preaching as Shaping Experience in a World of Conflict," in *Preaching as Shaping Experience in a World of Conflict*, ed. Prof. Dr. Albrecht Grözinger and Rev. Dr. Kang Ho Soon (Utrecht: Societas Homiletica, 2005), 29–30.

8. 34 の説教の形を幅広い著名な説教者たちによる説教例と共に提示した、優れた概説として、以下を参照されたい。Ronald J. Allen, ed., *Patterns of Preaching: A Sermon Sampler* (St. Louis, MO: Chalice Press, 1998).

9. Edmund A. Steimle, Morris J. Niedenthal, and Charles L. Rice, *Preaching the Story* (Minneapolis: Fortress Press, 1980).

10. Edmund A. Steimle, "The Eye of the Storm," in *Preaching the Story*, 121–25. この説教は 1970 年代のクリスマスイブ礼拝で語られた。

11. Prathia Hall, "Between the Wilderness and a Cliff," in *Preaching with Sacred Fire: An Anthology of African-American Sermons, 1750 to the Present*, ed. Martha Simmons and Frank A. Thomas (New York: W. W. Norton & Co., 2010), 689–93.

12. Ibid., 690.

13. Ibid., 693.

14. Susan Sparks, "The Mulch Pile." 2010 年 8 月 2 日、Day 1 ラジオ番組での説教。この説教のトランスクリプトは以下を見よ。

http://day1.org/2242-the_mulch_pile

15.　Ibid.

16.　Ibid.

17.　Mary Lin Hudson, "I Dream a World," in *Saved from Silence: Finding Women's Voice in Preaching*, by Mary Lin Hudson and Mary Donovan Turner (St. Louis, MO: Chalice Press, 1999), 117–19. この説教の聖書テキストは、イザヤ書 11:1–9、ローマ 8:18–25、ヘブライ 11:1–3、8–16、12:1–2。

18.　Hudson, "I Dream a World," 117–18.

19.　Ibid., 118.

20.　Ibid., 119.

21.　Ibid., 119.

22.　Ibid., 120.

23.　Harry Emerson Fosdick, "Shall the Fundamentalists Win?" in *A Chorus of Witnesses*, 243–55. この説教はニューヨーク市のファーストプレスビテリアン教会で 1922 年 5 月に語られた。

24.　Ibid., 252.

25.　Ibid., 252.

26.　Ibid., 254.

27.　Ibid., 255.

28.　Samuel D. Proctor, *The Certain Sound of the Trumpet: Crafting a Sermon of Authority* (Valley Forge, PA: Judson Press, 1994).

29.　Martin Luther King Jr., "How Should a Christian View Communism?," in *Strength to Love* (Minneapolis: Fortress Press, 1981), 97–106.〔キング「キリスト者は共産主義をどう考えるべきか」『汝の敵を愛せよ』蓮見博昭訳、新教出版社、1965 年〕この説教は東西冷戦のさなかに語られた。アメリカの政治史ではマッカーシー時代になる。

30.　Ibid., 97.

31.　Ibid., 98.

32.　Ibid., 98.

33. Ibid., 99.
34. Ibid., 100.
35. Ibid., 100–102.
36. Ibid., 103.
37. Ibid., 103–104.

第**11**章　神学と説教

　これまで本書の中で、聖書の学びと、会衆を釈義すること、説教の構築の重要な方法について見てきました。この章では、わたしたちの信仰の中心にあって、わたしたちが説教する理由でもある、核となる神学的な確信に焦点を合わせます。わたしたちが、説教の方法について熟練者となったとしても、説教の神学的な内容——わたしたちは「何のために」説教するのか——が曖昧となり、混乱し、軽んじられたならば、わたしたちが学んだ方法のすべてが、何の意味もないものになります。エレアザル・S・フェルナンデスは「説教が第一に、そして最も重要なこととして、神学的な行為であることを忘れてしまう誘惑はいつでもあります。特に、福音を社会的な問題に関わるものとして説教している人にとって、その危険性は大きい。ですから、説教が神学的な行為であることを思い起こさせることは、適切なことであり、極めて重要なことです」（注1）と言っています。最初に、なぜ神学が説教にとって重要なのかについて話そうと思います。それから、説教をするうえで重要な中心的な神学的確信について分かち合います。ここでの目標は、どのような神学的確信を説教すべきかを、あなたに指示することではありません。というのは、わたしたちは誰もが、信仰について異なる視点を持っており、信仰の旅の異なる場所にいるからです。そうではなくて、教師であるわたしたちが、核として持っている神学的確信のひとつを分かち合います。それによって、皆さんがご自分の核となる神学的確信に気づくきっかけになることを願うからです。

人間の心の、ポスト・イット付箋紙

　わたしトムは、ポスト・イット付箋紙は 20 世紀最大の発明のひとつだと考えています。わたしが言っているのは、上辺に粘着部のある小さな四角い紙で、冷蔵庫にでも、本にでも、パソコンにでも、貼り付けることができ、それでいながら容易にはがせて貼りなおすことができるものです。忘れそうなことを書いておくのに理想的です。例えば次のようなことです。

　「今夜のタラゴン・チキンのために、新鮮なタラゴン〔香草の一種〕を家に持って帰る」

　「今日の 2 時半に歯医者の予約。忘れずに」

　わたしは、ポスト・イット付箋紙が、混沌の怪物の侵入を食い止める助けになることを知りました。もちろん、時にはそれに書き込むことを忘れ、タラゴン・チキンのためのタラゴンなしで帰宅してしまうこともあります。そのようなときには、代わりのものを考えればいいだけです。タラゴン・チキンの代わりに、今夜はガーリック・チキンにするのです。

　しかし、忘れてはならない、もっと重要なことがあります。もし忘れたら、代わりがないようなことです。子どもの誕生日や結婚記念日です。覚えておくべきことのヒエラルキーがあります。タラゴンは一番下の部類です。結婚記念日や誕生日はずっと上になります。しかしそれらも、覚えておくべき最も重要なことではありません。わたしが基本的な神学的真理と呼ぶ、ある種のリアリティ、原則、主張が存在します。それは、わたしたち人間が常に忘れており、代わりを手に入れることができないものです。これらの真理は、わたしたち自身と神との関係の中心にあって、核となるものです。わたしたちがそれらを忘れるときに、わたしたちの個人としての生活も、お互いの関係も、教会も、神さまがわたしたちの配慮に信頼して委ねてくださった被造物も、恐ろしいほどの被害を受けます。

　わたしはこれらの神学的な真理を「基本的 (elemental)」と呼びます。というのは、それらが、物質世界にとって基本的な元素 (elements) のようなものだからです。それらは、わたしたちが信仰深く、豊かな生活をするうえ

で、欠くことができません。それはちょうど炭素や酸素、水素などが、物質世界で欠かせないのと同じです。もし人間の心にポスト・イット付箋紙を貼ることができるなら、これらの基本的な神学的真理は、決して忘れないように、わたしがそこに書いておきたいものです。悲しいことに、それらは、人間の心がため込んだ多くのものの下に、埋もれてしまっています。それで、信仰生活に欠かせない基本的な神学的真理を、わたしたち自身にも、わたしたちの聴き手にも、思い起こさせることが、わたしたち説教者の務めになるのです。

　サミュエル・D・プロクターは、自分のすべての説教を支えている4つの命題を挙げ、基本的な神学的真理を明確にすることが説教者にとってどのような意味を持つか、そのモデルを示しています。

　　第1に、キリスト者の信仰体系に最低限必要なことは、神を、絶対的で完全な「他者」でありながら、臨在され、わたしたちに関わって来られ、すべての被造物と、歴史と、人間の企ての詳細を知り、わたしたちのために世界の出来事に介入して来られる方として理解することです。

　　第2に、人間の性質は新しくされうることもまた、わたしたちの信仰の基本です。わたしたちは新しく生まれて、新しい被造物になることができるのです。

　　第3に、今現在は見込みが薄く、現状からかけ離れているように見えても、人間の家族は真正な共同体になりうるという確信です。

　　第4に、わたしたちの世俗的な状況、つまりありふれた日常も、わたしたちのただ中に常に存在する永遠の次元によって意味と目的が与えられていると信じることも、基本的なことです。不死は今始まります。永遠は時間のただ中を流れているのです（注2）。

なぜ説教にとって神学が重要なのか

　フレッド・クラドックは、その著書である説教学のテキスト『説教（*Preaching*）』の中に、なぜ説教にとって神学が重要なのかというすばらし

いセクションを設けています。そこで彼はこう書いています。

　神学は、説教に対して、つまらない些末なことを避けて、重要なテーマを扱うように促します。真理の問題についてではなく、言われていることが重要かどうかという問題について、説教は何とたやすく間違いに陥ることでしょう。説教の準備をするときに、もし説教者が、最初のページに、「それが何だというのか」と書いたならば、多くの気の利いた小話や、「塩容器と電球」についての言葉遊び〔アメリカで一般的な「電球の形をした塩容器」と、イエスが「あなたがたは地の塩である。あなたがたは世の光である」と言われたことを掛けている〕などは、音もなく机から落ちて、くずかごの中に身を潜めるでしょう。

　神学は説教壇に対して、もっと重要な主題を扱うように要求します。創造、悪、恵み、契約、赦し、裁き、苦難、地球とすべての被造物を守ること、正義、愛、この世と神との和解などです。神学が、わたしたちにはどのような最終的なヴィジョンが示されているのかという説教を求めることは、見当外れではありません。そのヴィジョンに向かって前進して行けるような言葉や行為、関係があるでしょうか。そのヴィジョンを抱こうとしてつまずき、失敗するわたしたちを、神はどのように見ておられるでしょうか。聴き手にとって極めて重要な事柄について語る説教が、まったくつまらなくて、何のインパクトもないというようなことは、ほとんどあり得ないことです。しかしちっぽけな話題は、１ペニー硬貨のようなものです。ぴかぴかに磨き上げても、それはやはり１ペニーに過ぎません（注3）。

ここで軽視することができない重大な神学的テーマについて語る説教には、信仰告白の性格もあります。わたしノラは、数年前にある記事を読んだことを思い起こします。それは、長年働いた教区を去る前の最後の日曜日に、「イエスはわたしにとってどういう意味があるか」という説教をしようと決めた説教者の話でした。彼は、極めて信仰告白的な説教をしました。その中で、キリスト教信仰の中心にある事柄について取り上げながら、自分が人生

を生きるためにそれがそれほど重要なのはなぜかを語ったのです。

　その礼拝の終わりに、彼は礼拝堂の扉のところに立って会衆に挨拶をしたのですが、そのときに、ひとりの教会員の女性が目に涙を浮かべながら、彼に話をしようとして、横の方に立っているのに気づきました。そのとき、彼は迂闊にも、彼女が泣いているのは、自分がこの教会を去ろうとしているからだと考えたのです。しかし人の列がようやく消えたとき、彼女は近づいてきて、こう言いました。「どうしてそんなに時間がかかったのですか。ご自分にとってそれほど重要なことを語るのに、最後の日曜日まで待ったのはなぜですか」。

　わたしたち説教者は、信仰にとって大きなテーマを聴き手と分かち合うことや、信仰の核心にあるものから焦点がずれないようにすることだけを心がけて説教するわけではありません。わたしたちがそのように説教するのは、わたしたちの中にある、自分が人生をかけて生きてきた信仰の証しをするためでもあるのです。

想起としての説教

　ですから、説教の主な機能のひとつは、自分の霊的な健康のために欠かせない大事な真理を忘れやすい聴き手に、豊かな人生を生きるために、空気や水のように大事なこととして思い起こさせることです。しかし、こうして思い起こさせることは、会衆にとってのみ重要なわけではありません。それは同時に、説教の務めを果たす者にとっても欠かせないのです。というのはわたしたち自身も、その大事な真理を思い起こすことによって、説教をしようという思いの源となる中心的な確信に注意を向けるようになるからです。そのような核となる確信がなければ、説教することは毎週のお決まりの仕事、説教者のなすべきお務めのひとつと変わらないものになってしまうでしょう。

　自分の存在の深みにある基本的な真理として、あなたが持っているものは何ですか。

　世界中に伝えたいと願うほどに、情熱的にあなたが信じていることは何ですか。

C・S・ソンは、これらの問いにわたしたちは真空の中で答えるのではないと言っています。

　わたしたちの確信と、それを表明するやり方は、わたしたちの時代の最も差し迫った問題とかみ合っていなければなりません。

　　アジアにおいても欧米においても、今日のキリスト教の説教が直面している問題は、キリストの教会が、最大限の努力をしてこの世界に宣べ伝えるべき福音、よい知らせとは何かということです。争い合っている世界、人種や性別による対立、社会的、政治的、軍事的、経済的、そして、そう、宗教的な対立によっても引き裂かれているこの世界に対して、何を伝えるべきなのでしょうか。この問いに対する答えは、共感（コンパッション）に満ちた説教です。深い共感を欠いた説教、特にキリスト教信仰を持たない人々に対して、相手を理解しようとする愛を欠いた説教は、どれほど伝統に対して真実であろうと、どれほど情熱的に訴えようと、自分が作り出したものではない対立の矢面に立たなければならない人々に対しては、説得力を持ちません。……神は苦しんでいる人々に対して、断固として揺るがない共感を持っておられます。それは、不正の犠牲になっている人と共にあろうとする意志です。敵対する相手の視点からものを見る誠実な努力をして、彼らを受け入れる、霊的な包容力です（注4）。

わたしたちの中心的な確信

　わたしたちはそれぞれ、自分の説教を力強いものにするひとつの中心的な確信を見つけようとしています。

　それは、あれこれの説教の中に時々はっきりと現れるにもかかわらず、わたしたちのすべての説教においていつも取り上げられるテーマではありません。むしろ、神学的な真理の一要素に過ぎないものが、わたしたちの心の火を燃え続けさせ、繰り返しわたしたちを神の言葉に、よみがえられたキリストに、生きておられる聖霊に、そして新しいインスピレーションをもって、説教の務めに立ち戻らせるのです。もちろん、わたしたちはそれぞれ、複数

の確信を持っています。しかしわたしたちがこれらのことを分かち合うのは、あなたを奮い立たせ、中心となる確信をあなたに見つけ出させるためです。その確信はあなたに説教をしたいという望みを抱かせ、これから先ずっとあなたの説教の務めを支え続けるものとなりうるでしょう。

トムの中心的な確信

　わたしの中心的な確信は、詩編第 100 編から来ています。わたしはそれを、わたしの幼いころの牧師がよく礼拝の中で語ったように、引用します。それが、わたしの心に刻みつけられた語り方だからです。「わたしたちを造られたのは主であって、わたしたち自身ではありません」。わたしたちの生命と存在は、わたしたちがこれまでしたどのようなことにも依拠しないということは、わたしたちがいつも忘れている神学的真理の一要素です。人間が造り出した環境と仮想現実は、この基本的な事実を絶えず曖昧にしています。その結果として生じた人間の傲慢によって、政治の分野では絶対主義が生じ、自然の分野では環境破壊が生じています。心情と知性のすべてをもって、「わたしたちを造られたのは主であって、わたしたち自身ではない」ことを知るとき、わたしたちは自分の存在が賜物であることに気づき、感謝と謙遜をもって、すべての存在の源であるただおひとりの方に応答します。わたしたちの道徳的な生活は、わたしたちの創造者に対する責任によって組み立て直されます。その方はわたしたちを、感じ、考え、関わり合う被造物として、存在の不思議さを知るようにしてくださったのです。

ノラの中心的な確信

　わたしの中心となる確信は、イースターに繰り返される、よく知られている言葉から来ています。わたしが仕えたニューヨーク市の教会で、毎年イースターの日曜日の朝に、大きな声で唱えた言葉です。牧師は「キリストはよみがえられた」と宣言して礼拝を始めます。そして人々は全員、大きな声で「キリストは本当によみがえられた」と応答するのです。

聖書学者ブライアン・ブラウントは、2011 年にイェール神学校で行った
ライマン・ビーチャー講義で、確信をもって語るということが、わたしたち
がキリスト者として信じていることに対して、どれほど決定的な意味を持っ
ているかを話しました（注5）。死を配り歩く文化（death-dealing culture）の
ただ中で、すなわち、わたしたちの周囲の人々が時に「生きている死者」で
あって、自分自身の忠誠を、命にではなく死に至るものに捧げながらこの世
を動き回っているような文化のただ中で、わたしたちキリスト者は、とてつ
もなく大きい希望の言葉をもたらします。すなわち、死がこの世での最後の
言葉を持っているのではなく、神が——奇跡を起こしてキリストを死から命
へとよみがえらせられたその同じ神が——、この世の中で今なお働いておら
れて、絶望から希望を、悲しみから喜びを、そして、そう、死から命を、も
たらしてくださると語るのです。
　わたしはこのことがわたし自身の人生において真実であることを、存在を
かけて知っています。というのは、何年も前に、ガンとの闘いを続けながら、
自分が死ぬべき存在であることに直面させられたときに、わたしが依り頼ん
だのは、わたしの信仰の中心にあるこの約束だったからです。自分が死の陰
の谷を歩いているように感じた日々を乗り越えさせたのは、ふたつの呪文で
した。ひとつは「それでも日は昇る」です。それは創造に基づいていると同
時に、復活の希望に根ざしている言葉です。朝早く、キルトに身を包み、サ
ンルームに座って夜明けが来るのを待ちながら、日が昇ることと、それが毎
日新しく希望の約束をもたらしてくれることに、感謝し続けました。もし神
がまだこの世を動かしておられるなら、もし死ではなく復活が最後の言葉を
持っているなら、今日もまた検査と治療と病気のつらい 1 日に向き合うこと
にも、希望があるのです。
　そのときにわたしが依り頼んだふたつ目の呪文は、（今、振り返ってみてそ
うだとわかるのですが）最初のものから生まれた呪文で、神秘主義者であっ
たノリッジのジュリアンの言葉です。「すべてはよくなる。すべてはよくな
る。すべてのもののあり方はよくなる」。わたしはこのリアリティを信じる
ことができます。わたし個人の生活のリアリティとしてだけではなく、この、
すっかり壊されてしまって、傷つき病んでいる世界のリアリティとしても。

練習問題：神学と説教

1. あなたが説教したいと思い、あなたの説教を支えることができる中心的な確信を書いてみましょう。

それを、新鮮に、新しく、そして現代の人々に働きかけるように説教しようと思うとき、どんな課題がありますか。

2. 小グループであなたの答えを討議し、それから全体で討議しましょう。

注

1. Eleazar S. Fernandez, "A Filipino Perspective: 'Unfinished Dream' in the Land of Promise," in *Preaching Justice: Ethnic and Cultural Perspectives*, ed. Christine Marie Smith (Cleveland, OH: United Church Press, 1998), 63.

2. O. C. Edwards Jr., *A History of Preaching* (Nashville: Abingdon Press, 2004), 721 からの引用。オリジナルは、Samuel D. Proctor, *How Shall They Hear? Effective Preaching for Vital Christian Faith* (Valley Forge, PA: Judson Press, 1992), 16–17.

3. Fred B. Craddock, *Preaching* (Nashville: Abingdon Press, 1985), 49.〔クラ

ドック『説教——いかに備え、どう語るか』吉村和雄訳、教文館、2000年〕

4. Choan-Seng Song, "Preaching as Shaping Experience in a World of Conflict," in *Preaching as Shaping Experience in a World of Conflict*, ed. Prof. Dr. Albrecht Grözinger and Rev. Dr. Kang Ho Soon (Utrecht: Societas Homiletica, 2005), 28.

5. イェール神学校のライマン・ビーチャー講義で、2011年10月にブライアン・K・ブラウント（Brian K. Blount）が行った講演のひとつ。ブラウントの講演の全体主題は「死者への侵入——黙示的終末論の視点から復活を説教する（Invasion of the Dead: Preaching Resurrection Through the Lens of Apocalyptic Eschatology）」。

第**12**章　　神学を説教へと受肉させる

　説教者はよく、罪や救い、あるいは恵みのような大きな神学的概念から説教を始め、聴き手が自身の生活との関連でそれらを理解し、また経験できるようにそれらをわかりやすく説明するよう求められることがあります。率直に言って、このように自分の言葉によって神学を「受肉（incarnate）」させることは、説教にとって最も難しいチャレンジです。牧師たちが直面する最大の誘惑のひとつは、それらの言葉や概念をまったく定義することなしに説教で用いることです——礼拝堂の椅子に座っている人々のあまりに多くが、教会に出席したり教会学校で学んだりしながらも信仰において成長しない今日、これは特に問題の多いやり方です。そして誘惑のもうひとつは、ありきたりの決まり文句に堕してしまうことです。

　ノラ・ギャラガーは、この両方の誘惑に潜んでいる危険性を、イェール神学校の学術誌『考察（*Reflections*）』に書いた記事（注1）の中で描いています。ギャラガーはその記事の初めに、ある聖金曜日にニューヨーク市にある聖公会の教会を訪ねたときのことを書いています。そこで彼女は、礼拝の中頃になると退屈したのです。それは、「何ひとつ新しさのない話を聞かされたり、その人が本当に感じていることや経験したことの代わりに、出来合いの一般論を聞かされたりしたときに感じる退屈さでした。小学校5年生のときに、わたしがすでに学んで理解してしまっていることを、先生が長々と授業で話したときに感じた退屈さでした」（注2）。

　それから数ヶ月後、ギャラガーはある神学校の卒業生のグループ（ほとん

どが聖職者）を相手に、原稿を書くことについて1週間のクラスを担当しました。

　そのクラスが始まるときに、聖金曜日の経験がまだわたしの心の中にありました。2日目に、わたしたちは、イースタン・シーボードにある教会で奉仕している女性が書いた原稿について、勉強会を開きました。それは彼女がニュースレターに書いた「祝い事（celebrations）」についての記事でした。わたしはその原稿を読んだときから、それについて心配をしていました。「祝福（blessing）」という言葉が、それが何を意味しているかの完全な説明なしに、何度も用いられていたからです。聖書や、聖公会の祈祷書（*Book of Common Prayer*）が引用され、オックスフォード英語辞典も用いられました。わたしは、著者が、主題を脇に追いやって迂回してしまっているように感じました。話の筋が見えなくて、わたしは退屈しました。

　クラスの中で、わたしはその記事を書いた女性に対して、セッションに入る前に言っておきたいことが何かありますか、と尋ねました。

　「はい」と彼女は答えました。「ここに書いてあることは全部嘘です」。

　全員が息を飲みました。

　「それは嘘なんです」と彼女は言いました。「わたしは、本当は祝い事が好きではありません。少なくとも、全部が好きなわけではありません。それらが『祝福』かどうかもわかりません。『祝福』がどういう意味かさえも、わかっていないのです。わたしは教会のニュースレターの原稿締切の前日に執筆を依頼されました。わたしは眠っているようにそれを書き、それを読んで、嫌悪感を持ちながら、送ったのです」。

　わたしたちは一斉に拍手喝采をしました。

　その週はそんなふうに過ぎていきました。生徒たちは自分の原稿の中に嘘が書かれているところや、真実が曖昧にされているところを次々と見つけ出しました。最後の日に、わたしはバージニアから来た牧師に、彼女の原稿の中にある「イエスの血によって清められている」とは正確にはどういう意味かと尋ねました。しばらく考えて、彼女は「わかりま

せん」と答えました。

　その週に、わたしはあることに気づきました。わたしの 21 名の生徒たちは、聡明で、生気にあふれ、牧師がその務めの中に見出しうる情熱を持っていながら、聖金曜日にあの教会でわたしが悩まされたものと同じものの、すなわち、もはや受肉することなく、何の意味も伝えない言葉の持つ力──すべてをどんよりとさせてしまうような力──の犠牲になっているということです。そしてあの金曜日の教会もそうであったのか、わたしには確信がありませんが、そこでも、自分の経験について真実を語ることに対する恐れがあったのではないかと推測します。それに加えて、大都市部特有の物言い、陽気な楽観主義、労苦を伴わない希望（話の内容はわたしたちをそこへ導きもしないのに、大急ぎでなされた希望の飾り付けが、説教や記事の終わりに付け加えられている）もあります。と̇に̇か̇く̇そ̇れ̇ら̇し̇く̇体̇裁̇を̇整̇え̇な̇く̇て̇は̇──そんな声が聞こえてくるかのようです。これらは、信仰的な記事にとっても、教会の働きにとっても落とし穴です（注 3）。

　その記事の終わりのほうで、ギャラガーはこう付け加えています。「わたしたちは、その聖金曜日の礼拝でも、わたしたちの多くの教会の礼拝でも、また信仰について書かれたものにおいても、『決まり文句という幕』の背後に閉じ込められていたのだと思います。言葉と、それが意味していることとの結びつきが壊れているのです。人間の第 1 の力、名付けるという力が、働いていないのです」（注 4）。

　この出来事が示している事実は、わたしたち説教者が言語学的な困窮に直面しているということです。わたしたちの伝統は、多くの言葉を手渡してくれていますが、それらは日常の会話ではもはやあまり通用しなくなっている言葉なのです。でもわたしたちはそれらを捨て去ることができません。それらが、欠くことのできない神学的な真理を表現しているからです。でもその真理を、わたしたちの文化は無視するか、積極的に拒否するのです（注 5）。例えば、自分自身への肯定感を強調する文化の中で、「罪」という言葉は時代遅れのようでありながら今も不穏な気持ちにさせられる言葉で、多くの人

が避けたいと考えています。しかし「罪」という言葉を放棄してしまったら、わたしたちは自分の断片化された生と歪んだ価値に対する重要な洞察をも、放棄してしまうでしょう。その断片化された生と歪んだ価値こそはまさしくわたしたちのものであり、キリストが取り組んで打ち破ってくださった死の現実であるというのに。もしわたしたちが「罪」という言葉を使わなくなってしまったら、同時に「救い」という言葉も使わなくなるでしょう。もし罪がないのなら、そこからの救いも必要ないからです。これらの言葉を放棄することは、わたしたちの説教が表面的なレベルでしか働かないということです。福音が告げるように、人間の存在の深いところにある破れと、キリストの中にある、わたしたちを変えてしまう神の恵みの驚くべき知らせを告げることができません。

　ですから、説教者の負う重荷は、信仰の偉大な言葉を生きたものにする道を見つけ出すことです。そのようにして、その言葉が指し示す救いの真理を人々が理解するようにするのです。

　このプロセスは、しばしばわたしたちに、教会の教理と現代の生活上の経験との接点を見つけ出すよう要求します。リチャード・トゥリンは次のように言います。「そのような関係を打ち立てようと苦闘する説教者は、神学者の役割を果たしています。彼らは、自分が受け継いだ真理を説き明かすために、また信仰と人間生活の経験との間を行き来する道を見つけ出すために、働いているのです。神学的な思考は、結晶化した教理の言葉を繰り返すこと以上のものを含んでいます。そこには、教理を生み出した源であると同時に、教理が触媒として働く場でもある人間の経験を感じ取ることも含まれるのです」（注6）。

　神学的な財産を放棄する代わりに、これらの真理はどのように具体化されるのか、それらはどのようにこの世界に受肉するのか、この世界でわたしたちはどのようにそれらの香りを嗅ぎ、見て、聞いて、感じて、味わうのかを問うために、わたしたちはイマジネーションを働かせます。以下の練習問題は、偽りのない創造的な名付け（naming）の技術を磨きあげるためのものです。これは、力ある説教をするためには、欠かせない技術です。

練習問題：神学的な概念を感覚的に描写する

1．以下の5つの神学用語のうちひとつを取り上げ、それを、その下に列挙する5つの感覚で表現しなさい。

罪　救い　恵み　聖　神の統治

それは……のように見える。

それは……のような味がする。

それは……のようなにおいがする。

それは……のような手触りだ。

それは……のように聞こえる。

2．1で書いた5つの文章のひとつを選び、3つか4つの文で詳述しなさい。

さらなる考察のために

1．練習問題に対するあなたの答えを、3–4人の小グループの中で討議しましょう。

2．教室での授業の場合には、数人に申し出てもらい、クラスの前で、自分が書いたものを発表してもらいましょう。

注

1. Nora Gallagher, "Breaking through the Screen of Cliché," *Reflections* 96, No. 2 (Fall 2009): 57–59.

2. Ibid., 58.

3. Ibid. 強調は筆者による付加。

4. Ibid., 59. 書体の変更はギャラガーによるもので、John Berger の小論「世界の創造（The Production of the World）」の素材を用いていることを示す。ギャラガーの論文のタイトルもまた、バーガーの「決まり文句という幕（screen of clichés）」という表現に触発されたと思われる。

5. わたしトムは、この部分をジーン・バートレットに拠っている。バートレットはかつてわたしの説教学の教師で、キリスト教信仰の鍵となる言葉を生き生きと表現することに長けていた。彼のライマン・ビーチャー講義をまとめた以下の本を見よ。Gene E. Bartlett, *The Audacity of Preaching: The Lyman Beecher Lectures Yale Divinity School 1961* (New York: Harper & Brothers, 1962).

6. Richard L. Thulin, *The "I" of the Sermon* (Eugene, OR: Wipf and Stock Publishers, 2000), 15.

第**13**章　説教に対する会衆の抵抗感を知る

　説教者が直面する大きな難題のひとつは、会衆が説教に対して抱く抵抗感を知って、それを受け入れることです。ここでは神学的人間論を扱います。人間をもっと深く知り、どうして彼らが、説教を聴きながら時々壁を作るのかを理解しようとするのです。礼拝の中で会衆が抱く抵抗感の中には、わたしたちにはどうすることもできないものもあります。例えば、会衆がわたしたちの言葉を聴くときの聴き方が、彼らの多様な生活や教会での経験によって作り上げられている場合です。それでも、そのような抵抗を突き抜けて、聴き手の心に留まり続ける言葉を語るために、わたしたち説教者にできることもあります。

　ルター派の牧師で説教学者のバーバラ・ルンドブラッドは、その著書『石を造り変える（*Transforming the Stone*）』の中で、説教に抵抗感を抱く聴き手の心の中には恐れがある場合が多いと言っています。説教はしばしば、聴き手に変化することを求めます。でも人間は変化を恐れるのです。その結果、彼らは心を開いてわたしたちが語るメッセージを受け入れることがなく、防御的な抵抗をするのです。

　　自分の国や世界の状況を見渡すとき、わたしたちは自分自身も含めその多くが、ある場所を何としても守ろうとしているのだと認める必要があります。移動していく砂を食い止めようとしているのです。
　　・国境を守ろう！　塀を作って移民を防ごう（少なくとも、わたしたち

157

が望まない移民を）。

・街路を守ろう！　近所からホームレスを追い出そう。死刑を合法化
　して社会を安全にしよう。

・家族を守ろう！　伝統的価値観を守るために「結婚防衛法」を成立
　させよう。

・教会を守ろう！　伝統に帰ろう。フェミニストを黙らせ、聖書に戻
　ろう。

　もしわたしたちが、彼らの言葉とその背後にある感情に耳を傾けるな
ら、そこに非常に大きな恐れを聴き取ることができます。聖書と信仰告
白を拠り所とする主張のもとには、ラジオのトーク番組に腹を立てて電
話する人のような声が響いています。個人の意見と深い感情が神の言わ
れたことと同一視されています。多くの変化が生き方や考え方の中に巻
き起こっている中で、教会が、わたしたちの頼れる最後の慣れ親しんだ
土台のように思えるのでしょう（注1）。

　人々がわたしたちの説教の中に見出す恐れを特定し、それに語りかける
ことをしなければ、彼らが抵抗を突き抜けて変化を受け入れることはできない
と、ルンドブラッドは言います。

人々の抵抗を真剣に受け止める

　牧会神学者であるジェームズ・ディッテスは、会衆がなぜ牧師のリーダー
シップを拒否するのかについて詳細に書いています。ディッテスは中心的な
洞察をカウンセリングから得ています。セラピストはしばしば、ある人が自
分たちに抵抗を始めるときに、その人にとって本当の問題であるものに最も
近づいていると感じるというのです。同じように、会衆から「ノー」と言わ
れたときに、牧師は、彼らにとって決定的に重要な事柄を扱っているのです。

　「ノー」はうめき声です。……「ノー」は「痛い」とほとんど変わら
ず、しばしば同じ意味でさえあります。何かが（あるいはすべてが）傷

つけ、脅すので、人は反射的に後ずさりしなければなりません。「ノー」
は「痛い」と同じように、痛みと恐れのシグナルです。……そのような
状況に陥った人を手助けする唯一の道は、その状況の中を通ることです。
牧師はノーといううめきの経験に入って行き、その経験を敵と見なして
戦うのではなく、仲間と見なして相手と分かち合います。……牧師は、
近づいておきながら離れ去ろうとしているその人の身になって、その思
いを感じ取ろうとします（注2）。

　ディッテスは一般的な牧師のリーダーシップについて書いているのですが、
ミルトン・クラムは、説教の中の福音への抵抗に対処するための説教学的な
方法論を展開しています。その中には、説教者がしばしば用いる効果のない
方策の分析も含まれています。「テレビの宣伝で、ある品物を買わないこと
を叱責されて、それを買おうと思うことなど、想像できますか。大事なこと
は、わたしたちの行動がわたしたちの認識に基づいているということです。
ですから、自発的に行動を変えるためには、認識が変わらなければならない
のです」（注3）。
　道徳を教えたり人々を叱ったりする代わりに、クラムはこう問います。
「こうしなければならないと思っていることがあるときに、わたしの生活の
中の何が、それを難しくして実行を妨げるのでしょうか。どのような信仰、
どのような認識に基づいたなら、それを実行できるのでしょうか」（注4）。
会衆だけでなく説教者の中でもうごめいている、福音への人間的な抵抗感を
明確に描くために、説教者はこの問いを自分自身に対して問うべきだ、とク
ラムは言います。説教準備の重要な一部として、挑戦してくる神の言葉に対
して自分の心を開かせるものは何かと問うのです。心の抵抗に打ち勝つもの
は何でしょうか。説教者は、自分の会衆の人間性を理解するために、自分
自身の人間性に近づきます。叱る代わりに、人間の心の深みに入っていって、
人間の心の抵抗を理解しようとします。同時に、人間の心の中にある神の言
葉への飢えをも理解しようとするのです。
　以下の練習問題では、3つの異なる聖書の章句について考えてください。
このテキストが伝えるメッセージにわたしたちや他の人たちが抵抗を覚える

のは、どのような理由があるのでしょうか。さらに、会衆が抵抗から変化に向かうために、説教者はこれらのテキストの説教を語る際に何をするべきでしょうか。

練習問題：説教に対する抵抗感を知る

　以下の聖書の言葉からひとつを選び、ひとりか小さなグループで、声を出して読みます。クラスの場合、これらの3箇所を、それぞれ小さなグループで討議しましょう。

> ミカ書6章6-8節
> ヨハネによる福音書5章1-9節
> エフェソの信徒への手紙4章1-6節

以下の質問に答えなさい。

　1. この言葉が告げるメッセージを聞いて受け止めたときに、あなたが個人的に抵抗を感じるとしたら、それはどのようなものですか。

　2. 他の人々の中にある、このメッセージに対する抵抗感に出会ったことがあるなら、また他の人々が抵抗していると想像できるとしたら、それはどのようなものですか。

　3. あなたの抵抗感を克服してこのメッセージを受け入れさせるものがあるとしたら、それは何ですか。あなたは安心を与える言葉が必要ですか。情報が必要ですか。別な世界観による視点が必要ですか。新しい夢やヴィジョンが必要ですか。それとももっと別なものが必要ですか。

　4. あなたがこのテキストを説教するときに、どのような特定の方策を用

いて聴き手の抵抗に打ち勝とうとするでしょうか。

　小さなグループであなたの答えを討議し、それから全体で討議しましょう。

さらなる考察のために

　あなたは、次のどちらがより難しいと思いますか。何に対して抵抗感を抱いているのか、それを特定することですか。あるいはそれらに語りかける方策を思いつくことですか。それが難しいと思うのはなぜでしょうか。

注

1.　Barbara K. Lundblad, *Transforming the Stone: Preaching through Resistance to Change* (Nashville: Abingdon Press, 2001), 15.

2.　James E. Dittes, *When the People Say No: Conflict and the Call to Ministry* (New York: Harper & Row, Publishers, 1979), 28.

3.　Milton Crum Jr., *Manual on Preaching* (Valley Forge, PA: Judson Press, 1977), 37.

4.　Ibid., 29.

第14章 説教を通して会衆の抵抗感に語りかける

　前の章に付された練習問題と取り組む中で気づかれたと思いますが、会衆が説教に対して抱く抵抗感が何であるかを特定する方が、それに語りかけ、乗り越える方策を見出すよりも、往々にしてはるかに簡単です。この章では、8つの方策について論じます。これらの方策は、説教者が会衆を、抵抗感を抱いている状態から自分で考えようとする状態へと導くために、さらには会衆が挑戦的な説教によって変えられるほどまで導くために有効です。

　しかしながらその前に、わたしたちがここでしようとしていることが、どういうことでないかをはっきりさせることは、何を目指しているかをはっきりさせることと同様に、大事なことです。ここでしようとしていることは、受け入れ難い聖書の言葉を、受け入れやすくすることではありません。福音を水で薄めて、そのメッセージの聞き入れにくさを和らげることではありません。聖書の預言の言葉の鋭さを鈍くすることではありません。そうではなくて、わたしたちが目指すのは、人々が、聖書が語りかけてくることに対して抱く最初の抵抗感を脇におき、心を開いて新しくその言葉を聞けるように、彼らを助けるコミュニケーションの形と方法を見つけ出すことにほかなりません。そのプロセスによって、わたしたちは自分の説教の中から「偽りのつまずきの石」をすべて取り除きます。つまり、わたしたち説教者が意図しないで聴き手の前に置いてしまったために、彼らがわたしたちのメッセージをきちんと聴き取ることの妨げになっているものを、取り除くのです（注1）。

会衆の抵抗感に向かって語りかける 8 つの方策

1.　神の言葉で武装して会衆に対峙するのではなく、会衆と共に神の言葉の下に立つ

　聖書学者であるウォルター・ブルッゲマン（注2）は、説教におけるコミュニケーションの力学と家族システム理論の力学とを、比較対照しています。福音の宣言という行為には 3 つの行為者（actor）がいる、とブルッゲマンは言います。説教者と聖書テキスト、そして会衆です。説教において非常によく起こることは、説教者と聖書テキストがチームになって会衆と対峙すること（対峙の「三角形」）です（下の 2 つのうち、左の三角形を見てください）。その結果、十分理解できることですが、会衆は説教が語ることに耳を傾けなくなり、あるいは敵意を抱くことさえあります。彼らは、立つべき足を与えられずに放置されるのです。しかしながら、説教者と会衆が一緒になって、聞き入れにくい神の言葉の下に立つならば、状況はずっとよくなると、ブルッゲマンは言っています（注3）（右の三角形を見てください）。

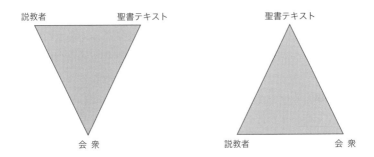

　説教者が神の言葉で武装して聴き手に対峙するのではなく、聴き手と共に神の言葉の下に立つとき、説教全体のトーンが変わります。説教者はもはや告発者の立場に立って、抵抗する人々に神の裁きの言葉を告げるのではありません。そうではなく、自分を人々と同じ位置に置き、彼らと一緒になって、わたしたちすべての者を裁く、聞き入れにくい神の言葉と格闘するのです。

　聖書学者であるブライアン・ブラウントがプリンストン神学校の卒業して

ゆく最上級生に説教をしたときに、この方策を効果的に用いました。「近く
にいなさい」という題のその説教は、マルコによる福音書9章14–29節を
説いたものでした。その箇所でイエスは悪霊に憑かれた少年を癒やされ、そ
れから弟子たちに向かって、彼らも熱心に祈るならばイエスの名によって悪
霊を追い出すことができると言われました。以下の引用は、説教の終わり近
くのものです。

　　しかし、わたしがこの説教を終える前に、わたし自身、本当のことを
　言わなければなりません。［あなたがた卒業する皆さんに説教するよう
　に］依頼されたとき、初めは断ろうと思いました。このような重要な場
　で説教するように依頼されたことが名誉だと思わなかったからではな
　くて（名誉だと思っています）、少し恐ろしかったからです。説教をする
　ことが、ではありません。このアカデミックな状況の中で説教をするこ
　とが、です。わたしが学生だったときに、このチャペルで説教をしたこ
　とは一度もありませんでした。そしてわたしがここに戻って来たときに、
　わたしは正直に言って、ここで教授として説教はするまいと思いました。
　なぜかというと、わたしが学生だったときには、説教はいつも、霊的な
　ものというよりは、大学の実習のように感じられたからです。ですから
　説教においてさえ、自分が成績をつけられるかのように感じていました。
　そして今でもそう思う理由は、バージニアのわたしの教会でわたしがし
　た説教で、時々トラブルが起きたことを思い出すからです。そして若手
　の教授たちは、ただ自分が若手の教授であるがゆえのあらゆるトラブル
　にすでに見舞われています。わたしはいつでも、そのようなことを心配
　しています。今もそうです。人々がわたしをどのように見ているか。わ
　たしは少しやりすぎてはいないか、言いすぎてはいないか。この神学校
　という守られた場所から、わたしの働くべき外の世界へと出ていくため
　に、どれくらいの能力が自分にあるのだろうか……。
　　わたしの言うことを信じてください。あなたがたが、同じように心配
　し始めるときが来ます。教会員たちの感情を害することへの心配です。
　予算を危機にさらすことへの心配です。会議で、長老会で、あるいは執

事会で、主教のオフィスで、市長のオフィスで、学校の理事会で、商工会議所で、PTSコミュニティで、有力な人を怒らせることへの心配です。そしてあなたがたは考え始めます。「わたしには家族がいる。わたしは友人が欲しい。みんなに好かれたい。仕事を失いたくない。安心して長く働けるようにしたい」。それであなたがたはこう考え始めます。「たぶんわたしは『キリスト教徒らしいことをやる』べきなのでしょう。ブライアン・ブラウントがバスケットボールをするときと同じように、危険を冒さず、引き返せないところまで自分を押しやるようなことをせずに、信仰生活をするべきなのだろう」。にもかかわらず、わたしが今夜ここにいるのは、あなたがたに次のことを言いたいから、そして自分自身にも思い起こさせたいからです。もしそういうことをするためにあなたがたが卒業したのだとすれば、あなたがたの長老たちはあなたを用いることができるでしょうし、主教はあなたを用いることができるでしょう。教会はあなたを用いることができるでしょう。

でも神があなたを用いられるかどうか、わたしにはわかりません。

その頃には、あなたがたは皆疲れ切っているのではないでしょうか。神が必要とされるのは兵士です。疲れ切った追随者ではありません。神が必要とされるのは、神のために毎晩20ポイントを上げられるプレイヤーです。今晩、あなたがたと一緒に礼拝しようと決めた、その決断について思い巡らしていたときに、最終的にわたしの心に浮かんだのは次のことでした。わたしは、苦闘しつつ信じたわたしの父のことを考えました。歌いつつ信じた奴隷たちのことを考えました。綿花畑で、トウモロコシ畑で、たばこ畑で、惨めで希望のない畑で、それでもなお彼らは異国の地で主の歌を歌いました。彼らは神に近くいました。それが彼らに信仰を与え、そして信仰が彼らに力を与えたのです（注4）。

2. 聖書の言葉を、違うコンテキストに置いてみる

わたし（トム）が最近経験したことです。善いサマリア人の譬え（ルカ10:25-37）の箇所を説教するように依頼されました。多くの説教者と同じように、わたしも、この箇所を説いた説教を何度聞いたか、またわたし自身

何度語ったか、数えきれません。そのとき、わたしが最初に考えたことは、「善いサマリア人について、これまで自分が聞いてきたことや、語ってきたこと以上に、なお言うことがあるだろうか」ということです。説教者であるわたしは、説教するように依頼された箇所に抵抗を感じました。わたしは、同じような抵抗を感じている多くの教会員と話をしたことがあります。このたとえ話について、彼らは会衆席で非常に多くの説教を聴いてきたので、この話がどういう話か自分たちは知っていると思っています。彼らは「この話は前に全部聞いた」症候群に陥っているのです。

　馴れ切ってしまったことから生じるこの抵抗感を強める要素のひとつは、人々が聖書の物語を、そこだけ切り離された物語として読むことです。その結果、説教者は、その話がどのように、聖書のもっと大きな物語や論理構造の一部となっているかを考えられなくなるのです。この抵抗を弱めて、それまで持ったことのないような洞察をわたしたちに与えてくれるのは、より大きく、すべてを見渡すようなものの見方です。このテキストの場合、わたしは「サマリア人」という言葉について調べました。ルカによる福音書と使徒言行録の中で、ルカがこの言葉を用いている箇所をすべて抜き出しました。そして驚くべき発見をしました。

　ルカによる福音書9章では、サマリア人たちがイエスをもてなさなかったので、弟子たちが、もしお望みなら天から火を呼んで彼らの上に降らせましょうかとイエスに尋ねています。イエスは弟子たちを叱りましたが、しかし次の章でイエスは、彼らの求めに対してもっとずっと劇的な応答をされました。つい最近、イエスを拒絶して、弟子たちが天からの火を求めた、まさにそのサマリア人のひとりを善い人として描く物語をなさったのです。そのことがどれほど弟子たちの神経にさわったかを想像してみてください。

　しかしルカは、サマリア人への言及を、イエスの有名なたとえ話で終わりにはしません。その後、使徒言行録8章で、ルカはペトロとヨハネが「サマリアの多くの村で福音を」告げ知らせたと語っています（8:25）。ルカ・使徒言行録の、より大きな物語の構造が、癒やされたのはエリコへの道の途上で傷ついていた犠牲者だけではなかったことを、明らかにしているのです。たとえ話の中でサマリア人の親切さを描き出すことによって、イエスはユダ

ヤ人とサマリア人の間にある敵対心を癒やしておられたのです。ふたつのグ
ループの間の偏見と敵意に屈することを拒否することによって、イエスは弟
子たちを変えてしまわれました。それで彼らは、自分たちが一度は滅ぼした
いと思った人々へ福音を伝える使者になったのです。聖書全体のコンテキス
トの中に置かれたこのたとえ話は、個人的に親切な行為をすることを語るだ
けでなく、人類を分断する不和と憎しみを癒やすことをも語っているのです。
しかしながらこの洞察は、このたとえ話の外に出て、より大きなルカ・使徒
言行録の物語の中で、この話がどのような働きをしているかを考えるときに
のみ、得られるものです。この物語の、以前には隠されていたこのような側
面に気づいたとき、このテキストで説教することに対して抱いていたわたし
の抵抗感は消え去りました。そして多くの聴き手が喜びました。以前には、
そのような角度からこの物語を考えたことが一度もなかったからです。

　聖書のある箇所をコンテキストの中に置くことは、それを正典の大きな枠
組みの中に置くことに限定されません。わたしたちが普段それを見ている
社会的、文化的な環境を変えてみることによっても、それをコンテキスト
の中に置くことができます。これは、社会正義や貧困の問題を、そういう問
題に悩まされていない人たちに語るときに、特に有効です。不安定な世界で
は、これらの問題は当然ながら、自己防衛や罪悪感という形の抵抗を引き起
こす可能性があります。自己防衛も罪悪感も、それによって人々が力づけら
れ、変化を求めたり傷ついた世界に仕えたりするようになることはありませ
ん。それでもなお、福音は明らかに、正義と共感のために働くようにとわ
たしたちを招いているのです。

　わたしは、ジェームズ・フォーブスが何年も前にこれらの問題について説
教をしたときに用いた方策を、忘れたことがありません。彼は山上の説教
（マタイ 5:1–12）を朗読することから始めました。それからわたしたち、そ
れらの問題に悩まされていない中流階級に属する会衆に向かって、彼が朗読
しているときに、どのような考えや、感情、そしてイメージが心に起こった
かを問いました。フォーブスはしばらく沈黙して、親しまれ愛されているそ
れらの言葉に対する反応を思い起こす時間をわたしたちに与えました。それ
から彼は、最近南アメリカのある地区を訪れたときの話をしました。そこは

スラムで、悲惨なほど貧しい地域です。彼はゴミの話をして、その有様と臭いを語りました。ネズミ、ベニヤ板でできた小屋、段ボール、さびたスチールの波板、物乞いをするか、狭い通りで缶蹴りをして遊ぶ子どもたち、酒に酔って通りに寝ているか、痩せこけた無表情な顔で階段に座っている男たち、泣き叫ぶ赤ん坊の世話をしている、希望のない眼差しの女たち。そしてその中央に小さな長方形の建物があって、その一方の端には、シンプルな十字架が飾られたむきだしのテーブルが置いてある。もう一方の端には、人々が座るための木箱か椅子が置いてある。汚れた床の上で小さなバンドが躍動感溢れる音楽を演奏していて、人々はそれに合わせて歌い、体をゆすり、上に上げた両手を動かしている。彼はわたしたちをその教会へと招き入れ、音楽が終わって、牧師が聖書を開いて読む場面を想像して欲しいと言いました。その時点で、フォーブスはもう一度聖書を開き、ふたたび山上の説教を読みます。それは最初に読んだものとまったく同じ言葉ですが、しかし新しいコンテキストの中に置かれて、わたしにはそれまで聞いたことも読んだこともない言葉として聞こえてきました。彼は、わたしの耳と心を新しいコンテキストの中に置いたので、わたしは抵抗感を通り越して、正義や、ひどい貧しさに苦しめられている人々の解放について彼が言わなければならなかったことに、熱心に耳を傾けるようになったのです。

3. 聞き慣れた心地よい話から聞き慣れない話へと移行して、会衆が新しいものに目を向けるようにする

　時には、人々を変化させるために説教がたどる道を考えることも有用です。信仰や生き方の望ましい変化に対して人々を正面衝突させるのではなく、まず慣れ親しんだ心地よい習慣や信仰のあり方を語ることから始めて、ゆっくりと進んでいく道をとるのです（注5）。

　もう一度、ジェームズ・フォーブスの説教から例を挙げたいと思います。彼は説教者として長年奉仕する中で、会衆が本来なら抵抗を示したはずの重要な問題と向き合えるような説教学的方策を見つけ出すために、努力したからです。ニューヨーク市のリバーサイド教会の主任牧師であったときに語ったこの説教において、フォーブスは、慣れ親しんだ心地よい話から始めて、

心乱される、聞くのが難しい話へと移っていく、ひとつのモデルを示しています。第 13 章で紹介した、ミルトン・クラムが自分自身の抵抗感に対処した方策を、フォーブスがどのように具体化し、説教の中で直接語っているかにも、目を向けてください。それはフォーブスが、会衆の上に立って彼らと対峙するのではなく、彼らと一緒になって神の預言者的な言葉の下に立つのに役立ちました（この章の方策 1）。

　　何年も前、わたしがまだノースカロライナにいたころ、ある人がわたしにこう言いました。「フォーブス兄弟、ペンテコステ派でない人が福音を説教できると思いますか」。わたしには確信がありませんでした。ペンテコステ派の説教しか知らなかったからです。しかし見たことも聴いたこともなかったとしても、ペンテコステ派以外の人が説教で福音を語れることはありうると思いました。そしてその後、確かにそうであることがわかったのです。

　　わたしが故郷を離れてしばらくしてから、ある人がわたしにこう言いました。「フォーブス先生、あなたは白人の説教者から本当の福音を聞いたことがありますか」。理論的には「聞いたことがある」でなければならないとわかっていました。神は誰に対しても聖霊を出し惜しみなさらないからです。白人の説教者にも力ある説教ができるのか、疑問はありましたが、わたしは「ええ、聞いたことがあります」と答えなければならない、人生のある地点に立っていました。

　　それからしばらく経って、女性に按手を授けるかどうかの問題で人々がわたしにしきりに問うようになりました。「女性は教会の中で黙っていなさいと聖書が命じているのに、女性に福音が説教できるでしょうか」。わたしはよく考えなければなりませんでした。それはわたしが自分の教会の中で教えられたことに逆らうことであって、仲間の聖職者もひどく抵抗していたからです。しかし女性信徒たちの意見を聞いて、ほどなく、神の霊が彼女たちを説教者として召しておられることを知りました。神の道を妨げるとしたら、わたしは何者でしょうか。

　　わたしはそのとき、主の言葉を伝えるために召されているのは誰かと

いう問いが最後の問いだろうと思っていました。でも、そうではありませんでした。新たな問いがわたしに差し出されたからです。そして皆さんの多くが、それが何であるかを知っています。「ゲイの男性やレスビアンの女性は、神の言葉を説教するために召されうるか」。ああ、わたしは聖書が何を言っているかを知っており、わたしの落ち着かない心が何を言っているかを知っており、そして皆さんの中にも不安な表情を見ることができます。でもわたしは以前には間違っていました。そして聖霊が不安を乗り越えるようにとわたしを説得しています。時々、わたしたちはイエスの約束を忘れるのです。聖霊がわたしたちをあらゆる真理に導いてくださるという約束を。それは、弟子たちが、当時すべてを知っていたわけではないことを意味しています。そして恐らく、わたしたちも今すべてを知っているわけではないのです（注6）。

4. 人々が聖なるもの、美しいと考えるものを重んじ、変化をもたらす力の源としてそれを用いる

1960年代の終わり頃から70年代の初めにかけて、ヴェトナム戦争によって多くの教会が分裂しました。多くの説教者が戦争に反対する説教をし、それはいわゆる「ハト派」と呼ばれる人たちには歓迎されましたが、「タカ派」の人たちや、タカでもハトでもない大多数の人たちからは、説教者たちが説教壇を私物化していると言ってしばしば抗議されました。戦争がニュースの中心になっていた頃のクリスマスイブに、2人の説教者がこの問題を取り上げた方法の明確な違いを、わたしは忘れたことがありません。

ある説教者は、伝統的なクリスマスイブの礼拝も、キャロルも、説教もすべてやめて、反戦の映画を見せました。ヴェトナムで殺戮が行われているときに、平和の君である方の誕生をお祝いするために彼が思いついた、唯一の方法だと言ったのです。彼の会衆の中のハト派の人たちは、タカ派や他の人たちと同様に、彼に対して激しく腹を立てました。彼はその年の最も聖なる礼拝のひとつを冒瀆し、そうすることによって、自分の支持者たちとの接点さえも失ってしまったのです。

他の説教者は、同じように戦争で心乱されながらも、伝統的な礼拝や、

キャロル、そして説教をしようと考えました。彼は誕生の物語をヨセフの視点から語ることで、説教を始めました。わたしはその説教の全体を覚えてはいませんが、しかしその初めの部分は40数年たった今でもよく覚えています。その説教者はハンマーを振り上げ、一度釘を打って「税金！」と言い、それからもう一度釘を打って「税金！」と言い、さらにもう一度ハンマーを振り下ろして「税金！」と言いました。「皇帝アウグストゥスは、全世界に向かって税金を納めるように布告を出しました。子どもを宿していたマリアとわたしは、彼女の健康とお腹の子どもを危険に晒しながら、故郷へ帰らねばなりませんでした。そうやって皇帝はローマ帝国の軍産複合体を維持するためのお金を集めたのです」。説教は暴力の支配する世界にキリストがお生まれになったことの考察を始めました。説教者は、誕生の物語の詳細を語りながら、罪のない幼な子たちが虐殺されたことに触れました。そのようにして、彼は、戦争に触れずにクリスマスイブについて説教することができないのはなぜかを、明らかにしたのです。戦争に触れずにイブを語ることは、聖書の物語の中にある暴力に目をつぶることになります。それは聖なる伝承に忠実でないことになるでしょう。

　もちろん、その説教があらゆる人を彼の立場に変えさせたわけではありません。しかしその説教は、教会で戦争について語ることに対する抵抗を、さらには続く数ヶ月間の説教や教区での会話で戦争を話題にすることに対する抵抗を、最大限に小さくしました。振り下ろされたハンマーと「税金！」という言葉を、忘れた人はいなかったでしょう。説教者のスタンスに同意できなかった人も、聖なる伝承に対する彼の読みが聖書テキストに忠実なものであって、戦争に向き合うことを強調する彼の姿勢に神学的な根拠を与えるものであることには、同意したのです。

5.　会衆自身の物語を、さらに彼らの視野を広げるための接点として用いる

　1978年に、ウィリアム・スローン・コフィンがニューヨーク市にあるリバーサイド教会の中に、新しく大きな非武装センターを設立することを宣言したいと思ったとき（コフィンは当時その教会の主任牧師でした）、彼は「戦う狂気（Warring Madness）」と題した主日礼拝説教の中で、そのセンターのイ

ニシアチブをリバーサイド教会の歴史と結びつけるために3つのことをしました。第1に、コフィンはその説教を、リバーサイド教会の設立者で皆に深く愛されているハリー・エマーソン・フォスディック（Harry Emerson Fosdick）の生誕100周年の記念日に一番近い日曜日に行いました。第2に、コフィンはその説教の中で、フォスディックの最も有名な2つの説教、「ファンダメンタリストは勝利するか」と「無名戦士」を引用しました。というのは、「無名戦士」は、その中でフォスディックが初めて、自分が非戦主義者であることを公に宣言した説教だからです。コフィンがそれを引用したことは、その教会が長い歴史の中で平和運動に主導的に関わってきたことを人々に思い起こさせました。第3に、コフィンは説教の題である「戦う狂気」を、フォスディックによって作詞され、皆に深く愛されてきた賛美歌「恵みの神と栄光の神（God of Grace and God of Glory）」の歌詞の中から取りました。その中には「汝の子らの戦う狂気を癒やせ（Cure thy children's warring madness）」という言葉が出てきます。そして最後に、コフィンは、教会がフォスディックの名を冠した基金を設立する予定であることを明らかにしました（注7）。

　提示されている新しいヴィジョンと、その教会自身の過去の遺産および教会が関わってきた使命との結びつきを会衆が理解できるように説教者が助けるならば、多くの場合、説教に対する抵抗感は弱められます（注8）。

6.　教会と世界の歴史を広く見ることから始める

　わたし（トム）は、これを最初に言った人が誰か知りません。そのため、以下の引用の出所を示すことができませんが、しかし長年にわたって、多くの説教や教会でなされる会話の中で聞いてきました。「古い時代の信仰の問題のほとんどは、それが十分に古くないことだ」。多くの人々にとっては、古い時代の信仰といっても、せいぜい彼らの子ども時代に遡るだけです。彼らの不十分な歴史観から、教会の信仰と習慣についての彼らの不十分な理解が生まれます。そしてこの狭い視野のために、しばしば人々は新しいものを取り入れることに抵抗を示します。「そんなことをこれまでしたことがない」とか、「それはわたしたちの伝統には含まれていない」というのです。この

種の抵抗に語りかけるひとつの方策は、その教会の伝統の深さと広さ、そして広く教会一般の持つ深さと広さについて説教することです。

　例えば、わたしはひとりの長老派の牧師を思います。彼は教会員が自分たちのことを「凍り付いた選民（the frozen chosen）」と表現するのを聞くのにうんざりしていました。彼は、長老派の自己理解の中心である改革派信仰の歴史から取った、啓発的な話を満載した説教をしました。彼は熱烈な詩編歌について語り、そのうちのいくつかについて、説教の中と説教が終わったあと、それが作られた当初の、躍動感溢れる音楽付きで紹介しました。また初期のカルヴィニストの日記や手紙を引用して、彼らが礼拝の中でどれほど深く心を動かされていたかを示しました。ジャン・カルヴァンの説教が会衆に与えた衝撃を描いた言葉が書かれた手紙には、「神の言葉を明瞭に語る説教を聞いて、成人した男性が恥ずかしげもなく涙を流した」と書いてあります。説教者は、彼らの伝統の、より長くより広い歴史を用いることによって、「凍り付いた選民」という考えを溶かそうとしたのです。

　同じような例ですが、1970年代の後半にチャペルで説教をしたひとりの女子学生を思い起こします。わたしが初めて説教学を教えたときです。その当時、多くの教派が、女性への按手の問題で苦闘していました。女性に按手を行った人たちでさえも、それに対する多くの抵抗にあっていました。多くのところで、女性を牧師と呼ぶのは望ましくないという風潮があったのです。その説教の中で彼女は、1851年にオハイオ州のアクロンで開かれた女性大会でソジャーナー・トゥルースによってなされた「わたしは女性ではないのか（Ain't I a Woman?）」という講演から引用しました。その後何十年かの間に、わたしはその引用された言葉を何度も聞きましたが、女性の按手のための闘いというコンテキストの中で語られたこのときの言葉の力強さを、忘れることはないでしょう。

　　それから、そこにいた黒い服のその小さな男は、女性は男性と同じ権利を持つことはできないのだと言いました。なぜならキリストは女性でなかったからだと。でもあなたのキリストはどこから来たの？　あなたのキリストはどこから来たの？　神と女性からでしょう！　男性はキリ

ストと何の関係もありません！

　神が造られた最初の女性が、もしもひとりでこの世界をひっくり返す
ほど強かったのなら、ここにいる女性たちは、一緒になって世界をもう
一度ひっくり返して、正しい面を上にすることができるはずです！　そ
して今、彼女たちはそうしたいと言っています。男性は、彼女たちにそ
うさせるのがよいのです（注9）。

　歴史の証言がその説教の中で生き返り、女性の按手を実現するための努力
を続けるように、聴き手を鼓舞したのです。
　わたしはまた、わたしが北ドイツとデンマークの牧師たちの指導に携わっ
た礼拝音楽に関する会議を思い起こします。多くの人々が、自分たちは教
会にふさわしい音楽について議論した最初の世代だと信じています。会衆
の中には変革に対して抵抗する人々もいれば、伝統に対して抵抗する人々も
いました。しかし、この衝突に直面したのは、わたしたちの世代が最初では
ありません。それは初期の教父の時代に遡ります。そして、他の時代でも教
会音楽についての衝突は続いたのです。わたしは図書館の書架をくまなく
探して、歴史的に魅力のあるものが満載された本を見つけました。それに
は、北ヨーロッパの教会がかつて経験した、音楽と礼拝についての初期の
議論が書かれていました。まさしくその会議に集まった人々の教会のある地
域です。1604年に出版された『ハンブルク賛美歌集（*Hamburg Melodeyen
Gesangbuch*）』の序文では、1600年代の初めに、新しいイタリア風の音楽が
ドイツで広まっていることを、批判しています。

　　いたるところで、精緻で重厚なモテットや心を打つ詩編歌、賛美歌の
　　代わりに、スキップをしてはしゃぎ回るような歌が、聖歌隊によって
　　オルガン伴奏で歌われ、異質でイタリア風の踊り跳ねるような煽情的な
　　音楽や奇妙なフーガが演奏される。まるで会衆は踊りに来ているかのよ
　　うだ。それらの音楽に続いて祈りをささげるのが不可能であるばかりか、
　　それによって愛すべき荘厳な音楽への嫌悪感が会衆の心に注入されてい
　　るにちがいない（注10）。

　ハンブルクに近いオッテルンドルフのルター派の牧師であったハインリッヒ・ミトビウス（Heinrich Mithobius）は、1665年に書いた「キリスト教の詩編（Christian Psalms）」の中で、新しいスタイルの音楽に対する批判に答えています。「それでも一方では、わたしたちの今の時代に、神は多くの優れた作曲家をご自分の霊で満たしてくださっていて、彼らは最も荘厳な音楽作品を作っています。それらは、音楽に対する彼らの深い理解と技術を証明するものです」（注11）。

　牧師たちは、これらの引用を聞いて、固かった表情が一度に笑顔になりました。そこには、彼らが仕えている地域でかつて奉仕した信仰の先輩たちも、何世紀も前に同じ闘いをしたのだと知って得た安堵がありました。説教の中で示された歴史的な知識が、その問題に向き合うことに対する自分自身の抵抗感を乗り越えるように、彼らを助けたのです。

　この方策を別な言葉で表現すれば「おびただしい証人の群れを引き寄せる」ことです。それはヘブライ書の著者が用いた方策と同じです。彼はひとりひとり信仰の英雄の名を挙げて、わたしたちがいかに「おびただしい証人の群れに囲まれている」かに言及します。そして「自分に定められている競走を忍耐強く走り抜こう」と勧めるのです（ヘブライ 12:1）。伝統を広く、また深く理解することは、教会の歴史についてのかたよった知識から生まれる抵抗感を和らげるための、主要な説教学的手段です。

7. 個人的な物語や証言を用いて、大きな社会的あるいは神学的な問題を人間化（humanize）する

　戦争や移民政策の改革、家庭内暴力などの大きな社会的問題を説教で扱うことを説教者が宣言したときに、会衆がそれに対する抵抗感を増大させることがあります。このような抵抗感に対処するひとつの方法は、物語や証言を用いてその問題を「個人化（personalize）」することです。その物語は、説教者自身のものであることもありますし、その問題を熟知している他の人のものであることもあります。しかし、目指すところは同じです。つまり、個人化することによって、会衆がより深く自分のこととしてその問題と関わるこ

とを助けるのです。そしてその問題に対する彼らの応答がなぜ重要なのかを、もっとはっきりと理解できるように助けるのです。

　わたし（ノラ）がかつて参加した礼拝の中で、説教者が、刑期を終えた受刑者の社会復帰を助けるコミュニティプログラムを支援し、それに関わるよう会衆に奨励しようとしました。そのとき牧師は、そのプログラムとその目的や必要性について自分自身で長く語る代わりに、プログラムに長く関わってきて、そこから益を受けてきた人を招き、プログラムが彼女の人生にどのような変化をもたらしたかを説教の中で証言させるという、賢い方法を取りました。会衆はこの女性の証しに深く心を動かされ、その話に助けられて、プログラムが現実の人間の生活に実際上の変化をもたらすことを、より深く自分のこととして認識したのです（注12）。

　説教の中で家庭内暴力の問題を取り上げたときには、（説教者であった）アン・マリー・ハンターが勇敢にも、彼女自身が過去に経験した家庭内暴力の話をしました。それは、そのような暴力の犠牲になっている女性を助けなかった教会の過去の罪を会衆に認識させると同時に、現在、そのような状況の中にある女性に対して「荒野のマナ」（注13）になるように、つまり個人的な支援と公の支持を与えるように、彼らを促すものでした。

　その説教の中で彼女は、最初自分が夫の暴力を耐えたのは、7回を70倍するまで赦すように、また、もう一方の頬を向けるようにと、教会の中で教えられてきたからだと語ります。そして、家庭内暴力の犠牲になるときには、自分の最もすぐれた美点さえも自分を攻撃する武器になると証言するのです。

　その後、彼女は結婚生活を離れる決断をするのですが、そのことを当時の教会の指導者は理解しませんでした。彼女の言葉に真摯に耳を傾けずに、それまでと同じく、相手を赦すことと忘れることを強調し続けたのです。現実に苦しみの中にいる人に寄り添うことなしに、聖書の言葉を教条的に繰り返しても、人を癒やすことも救うこともできません。

　このような経緯を経て、彼女は牧師になる道に進み、今は新しい家庭を得て、幸せな生活を送っています。そして彼女自身の経験に基づいて、人を解放し癒やす福音の力と、自分の人生の経験から得た新しい神学を、次のような言葉で証言しています。

　わたしは、虐げられた者と共にいてくださる神を信じています。神は
彼らの叫びを聞き、人間の歴史の中に入ってきて、迫害を終わらせ、正
義を打ち立ててくださいます。わたしは、主イエスが苦しまれたのは、
組織的な不正と迫害に対抗したからだと信じています。虐待する力の
基を主によって崩された人々によって、主は十字架につけられたのです。
救いが来るのは、主イエスの苦しみと十字架によるのではなく、不正義
と苦しみと死に対して、新しい命をもって答える神の決定によるのです。
キリスト者としてのわたしたちの務めは、苦しみと十字架を続けること
ではなく、新しい命と、欠けたところのない状態、復活を打ち立てるこ
とです（注14）。

8.　まだ見ていない世界、これから自分たちがそこで生きる世界を思い描く よう人々を助ける

　わたし（ノラ）は、「ヴィジョンがなければ民は滅びる」（注15）をスロー
ガンとして人々を指導していた牧師と一緒に働いたことがあります。同じこ
とを、説教についても言うことができます。ヴィジョンがなければ、説教
も最終的に滅びてしまいます。このように、説教者の聖なる務めのひとつは、
人々の前に、彼らがまだ見ていないけれども、そこで生きるようにと招かれ
ている世界の、終末的なヴィジョンを示すことです。

　この方策には実際に強力な先例が聖書に、特に昔のヘブライ人の預言者た
ちの中にあります。イザヤは捕囚の民の前に平和な王国のヴィジョンを示し、
エレミヤは心をかたくなにした人々の前に神の契約が彼らの心に書き込まれ
る日のヴィジョンを示しました。またエゼキエルは枯れた骨の谷を見て、彼
らが聖霊の息を受けて生きる日を望み見ました。実際、マーティン・ルー
サー・キング牧師の演説「わたしには夢がある」の持つ力の一部は、キング
がアメリカを呼びつけてその罪を叱責するだけでなく、こうした古代の預言
者たちのように、わたしたちがこれから生きるためのヴィジョンを同時に示
したことにあると、わたしは確信しています。

　あまりにも多くの場合、説教は裁くことに速く、ヴィジョンを示すことに

遅くなりがちです。しかし裁きだけでは、説教に本来の働きをさせることはできません。わたしたちの抵抗感を打ち破り、神が用意してくださる新しいリアリティを受け入れるためには、それと対をなすもの、すなわち預言者的なヴィジョンも必要なのです（注16）。

練習問題：抵抗に打ち勝つための説教の方策

　第13章にある説教の練習問題であなたが挙げた会衆の抵抗の中からひとつを選んで、それを念頭に、ミカ書6章6-8節、ヨハネによる福音書5章1-9節、エフェソの信徒への手紙4章1-6節のいずれかに基づく説教をするとします。本章で取り上げた方策のひとつを用いて語ろうとした場合に、どのように語るべきかについて、ノートを取りなさい。方策を結びつけたい場合もあるでしょう。例えば、方策3と4は一緒にすると効果がありますし、5と6もそうです。8つの方策を以下に挙げておきます。

方策
　1．神の言葉で武装して会衆に対峙するのではなく、会衆と共に神の言葉の下に立つ
　2．聖書の言葉を、違うコンテキストに置いてみる
　3．聞き慣れた心地よい話から聞き慣れない話へと移行して、会衆が新しいものに目を向けるようにする
　4．人々が聖なるもの、美しいと考えるものを重んじ、変化をもたらす力の源としてそれを用いる
　5．会衆自身の物語を、さらに彼らの視野を広げるための接点として用いる
　6．教会と世界の歴史を広く見ることから始める
　7．個人的な物語や証言を用いて、大きな社会的あるいは神学的な問題を人間化する
　8．まだ見ていない世界、これから自分たちがそこで生きる世界を思い描

くよう人々を助ける

さらなる考察とディスカッションのために

あなたの方策について小グループで討議し、それからクラス全体で討議しましょう。

注

1.　パウル・ティリッヒによる、「真の」つまずきの石と「偽りの」つまずきの石の理解についてのより完全な議論については、以下を参照されたい。Leonora Tubbs Tisdale, *Preaching as Local Theology and Folk Art* (Minneapolis: Fortress Press, 1997), 34-35.

2.　この方策についてのさらなる議論は、以下のふたつの文献を参照されたい。Tisdale, *Preaching as Local Theology and Folk Art*, 50-51 および Leonora Tubbs Tisdale, *Prophetic Preaching: A Pastoral Approach* (Louisville, KY: Westminster John Knox Press, 2010), 49-51.

3.　Walter Brueggemann, "The Preacher, Text, and People," *Theology Today* 47 (October 1990): 237-47.

4.　Brian K. Blount, "Stay Close," in *Preaching Mark in Two Voices*, by Brian K. Blount and Gary W. Charles (Louisville, KY: Westminster John Knox Press, 2002), 170-80. 初めてこの説教をしたときにプリンストン神学校の教員であったブラウントは、現在、バージニア州のユニオン長老教会神学校の学長である。

5.　この方策について、わたしはバーバラ・ルンドブラッドに拠っている。彼女は最初にこれについて論じ、以下の本の中でそれを例証するためにジェームズ・フォーブスの説教を引用している。Barbara Lundblad, *Transforming the Stone: Preaching through Resistance to Change* (Nashville:

Abingdon Press, 2001), 53–55. また Tisdale, *Prophetic Preaching*, 44–46 で
もこれについての議論がなされている。

6. James A. Forbes Jr. 録画された説教からのパラフレーズ。Lundblad,
Transforming The Stone, 53–54 に引用されている。

7. この方策は Tisdale, *Prophetic Preaching*, 51–53 でも論じられている。

8. William Sloane Coffin Jr., "Warring Madness," in *The Riverside Preachers*,
ed. Paul H. Sherry (Cleveland, OH: Pilgrim Press, 1978), 154–59.〔P・H・
シェリー編『神を見出す場所――リヴァサイド教会説教集』山下慶親訳、日本
キリスト教団出版局、1987 年〕この説教は、ニューヨーク市のリバーサイ
ド教会で、1978 年 5 月 21 日に語られた。

9. Sojourner Truth, "Modern History Sourcebook: Sojourner Truth: 'Ain't
I a Woman?,' December 1851," http://www.fordham.edu/halsall/mod/
sojtruth-woman.asp. 2013 年 7 月 6 日にアクセス。

10. Geoffrey Webber, *North German Church Music in the Age of Buxtehude*
(New York: Oxford University Press, 1996), 14.

11. Ibid., 16.

12. この説教は 2008 年 2 月 24 日に、スーザン・マーサ（Susan Murtha）と
シャロン・コディ（Sharon Cody）によって、コネティカット州ギルフォー
ドのファーストコングリゲーショナル教会で説教された。

13. Anne Marie Hunter, "Manna in the Wilderness," in *Telling the Truth:
Preaching about Sexual and Domestic Violence*, ed. John S. McClure and
Nancy J. Ramsay (Cleveland, OH: United Church Press, 1998), 136–40.

14. Hunter, "Manna in the Wilderness," 140.

15. 箴言 29:18

16. この方策は Tisdale, *Preaching as Local Theology and Folk Art*, 119–21 で
も論じられている。

第15章　説教の伝え方

delivery

　この章のタイトルで、わたしたちは delivery という言葉を用いています。それが説教を語ることを言い表すときに広く用いられる言葉だからですが、しかしわたしたちはこの言葉に満足してはいません。説教者が力ある説教をしたときに、理想的な形で起こることを言い表すためには、その言葉では弱いのです。delivery という言葉を用いた場合、まるでほかの誰かが発送した家具や小包を配達人が届けるように、説教者が自分とは何の関係もなく存在している説教をわたしたちに届けることになってしまいます。

　フィリップス・ブルックス（Phillips Brooks）は、その古典的な説教論『説教についての講義（Lectures on Preaching）』の中で、配達人のメタファーを用いながら、説教が何ではないかを説明しています。19 世紀、電波を用いたマス・コミュニケーションの時代が来る前に書かれたこの本の中で、ブルックスは、あなたの家のドアまでメッセージを運んでくる配達人は、そのメッセージに何が書いてあるかを知らない、と言っています。彼はただそれをあなたのところへ運んできただけです。そのメッセンジャーは、その知らせがあなたを喜ばせるのか、それとも嘆かせるのかを知りません。わたしたちは、説教者が、何の感動もなくメッセージを手渡す人間であって欲しくはないと思っている、とブルックスは主張します。わたしたちが望むのは、神がわたしたちを愛してくださるというよい知らせに、自分のすべてを注ぎ込んでいる人間であり、イエス・キリストの恵みによってその存在の深みまで鼓舞されている人間であり、聖霊と共に生きている人間であり、わたしたち

に宣言している真理に対する情熱を持っている人間なのです。

　最近、多くの説教学者が、説教は単なるメッセージの伝達以上のものであることについて、生き生きとした新しい理解を形成しています。ルーシー・リンド・ホーガンは、説教とは「主について考え、その前に存在する方法のひとつ」（注1）だと主張しています。そしてホーガンは、ジャナ・チルダースの著作に拠りながら、主の前におけるあり方と考え方を特徴づける個人的な存在の特質を明らかにします。「情熱、生命、真正さ、自然さ、確信、真剣さ……生気……火、火花、電力、感情の高まり、超自然的な力、霊的な溶岩、活力」（注2）。

　ミッティーズ・マクドナルド・ド・シャンプレインは、説教者の声と見た目がなぜわたしたちの強い注目に値するのかを、簡潔にまとめています。「説教者の生活の中心的な事実は、説教者の見た目と声が、それ自体で意味を伝えるものだということです。それで、すべての説教者にとって課題となるのは、説教をするときに、どうやって、またどのような方法で、自分のすべてを使って相手に伝える者（fully embodied communicator）となるかということです」（注3）。わたしたちがなりたいと願うのは、自分自身にさえ目立った影響を与えていない情報を伝えるだけのメッセンジャーではなく、「自分のすべてを使って相手に伝える者」です。その声も、表情も、仕草も、宣言している言葉と一致している説教者、そのあり方、話し方、そしてやっていることに、宣言している福音が受肉しているような説教者です。

　J・アルフレッド・スミスは、説教が印刷された文字以上のものになろうとするときに要求される困難な作業を、わたしたちに思い起こさせます。彼の言葉は、神の言葉が文字通り体の一部となるように、預言者エレミヤが巻物を食べたという聖書の一場面（注4）を想起させます。

　　説教の原稿を、実際に会衆に語る説教とする前に、わたしは、それがわたしの心の中で生きたものとなり、記憶の中で作用するものとなるように、その原稿を自分のものにしなければなりません。書かれた原稿は、そのままでは説教になりません。紙の上に書かれた素材は、認識の面でも感情の面でも、その説教者の魂の中に住みつくようにならなければな

りません。そのためには、原稿が説教者とは別の存在ではなくなるように、原稿と真剣に対話することが必要です。説教原稿が説教者の一部になるまで、説教者の魂がその中に漬け込まれなければなりません。説教は説教者であり、説教者は説教です。説教は、説教者が書いたものを話すことではありません。説教は、その説教者が何者であり、何を信じているかのエッセンスです（注5）。

　説教の伝達がうまくいくかどうかは、多くのことにかかっています。もしもわたしたちが言っていることを聴き手が聞き取れず、理解できないとすれば、もしもわたしたちが原稿にかじりついてしまって、人々がわたしたちとの間に距離を感じるとしたら、もしもわたしたちの顔や体による表現がわたしたちの語っているメッセージと調和していなければ、わたしたちが説教準備に費やしたあらゆる努力は、説教の際に台無しになってしまいます。他方、生き生きとした、熱心な、心を注ぎ込んだ伝え方をした場合には、多くのものが得られるでしょう。ジェームズ・アール・マッセイは、わたしたちが目標とすべきことを、次のように表現しています。

　　説教壇でのわたしたちの働きを経験した人たちは、わたしたちと結びついている何かを感じるでしょう。彼らは自分たちにも向けられている配慮を感じ取るでしょうか。彼らは、深い敬意と豊かに混ぜ合わされている、明らかな学識を感じ取るでしょうか。彼らは、真理に対する愛と、人に対する暖かさを感じ取るでしょうか——それは例えば、性差別をしない表現を意識的に用いることに反映されている、包括性（inclusiveness）の精神です。説教するためにわたしたちが立つとき、わたしたちは、わたしたちが語ることと共に、何かを見せています。わたしたちは、会衆に何かを聞かせると同様に、何かを感じさせるのです。それは何でしょうか（注6）。

　説教の伝達を上手にやり遂げる、ただひとつの公式や方法といったものはありません。その理由のひとつは次のとおりです。「どのように話し、どの

ように体を動かし、どのように説教を伝達するかは、すべて文化によって決まります。例えば、ローマ・カトリック教会、長老教会、アフリカ系アメリカ人のバプテスト教会、メガチャーチのプレイズサービスなど、いくつかの異なる礼拝に出てみればわかることですが、ある教会でのやり方は、必ずしも他の教会では通用しません」（注7）。

　今の時点で、あなたの属する教派的伝統では、説教者にはどのような話や身ぶり手ぶり、また体の動かし方が期待されているかを知ることは、有用です。ここで第2章にある3つの問い〔本書31ページ参照〕をおさらいしておくことは、あるいはもし第2章をとばしていたなら改めて学んでおくことは、価値があるでしょう。

　　説教者は自分の声をどのように用いると思いますか。語り口は基本的に対話的で、声の大きさの幅は小さく、日常会話の調子で話すでしょうか。それとも、話す速さや声の大きさが、内容によって大きく変わりますか。例えば、説教が展開されるにつれて声を大きくしたり小さくしたりするでしょうか。

　　説教者は自分の体をどのように用いると思いますか。座って話しますか、それとも立って話しますか。身ぶり手ぶりを多用して、体を大きく動かしますか。基本的にじっとしたままですか。説教者はアイコンタクトをしますか、それを避けますか。説教者は説教壇で話しますか。それとも内陣か、会衆の間を歩きまわりながら話しますか。それとも（

　　　　　　　　　　　　　　　　　　）

　　説教者は自分の感情を、どの程度自由に表現すると思いますか。説教者はどれくらい自分を表すでしょうか。まったく表さないか、ある程度表すか、大いに表すか。その説教は心に訴えるものか、知性に訴えるものか、その両方に訴えるものか。

説教者がどのように話し、どのように体を動かすかについて人々が期待す

184

ることは、文化によって様々ですが、わたしたちは、各々がその中で働いてきた多くの教派的伝統をまたいで届くように思える、ひとつの共通性を見つけ出しました。どの伝統の中でも、完全原稿を用意して説教する人がおり、メモで説教する人がおり、何の書き物もなしに説教する人もいます。どの伝統の中でも、説教者が体の全体を使って伝達するかどうかは、完全原稿か、メモか、何もなしかによらないことがわかっています。原稿で説教する人の中には、頻繁に原稿に目を落とし、会衆にではなく、説教壇の中に声を届けるかのように、声のトーンを変えることなく、ひたすら原稿を読む人もいます。でも原稿で説教する場合でも、明らかに、自分が書いたことを骨の髄にまで染み込ませている人たちもいます。確かに彼らは原稿を読んでいるかもしれません。でもその説教をわたしたちは、彼らの心からわたしたちの心へ伝えられたものとして受け取ります。彼らは「自分のすべてを使って相手に伝える者」なのです。

　結果が多様であることは、メモで説教する人でも、また何も持たずに説教する人でも同じです。はっきりとした目標を捉えられないまま、さまよう人もいます。彼らの論旨は追跡不能か、そもそも存在しません。一方、わたしたちを冒険や驚きの感覚へと引き入れてくれる説教者もいます。わたしたちは注意深く用意された思考と洞察の変化を、説教者に従って追いながら、神の言葉の深みへと導かれるのです。彼らは「自分のすべてを使って相手に伝える者」なのです。

　自分のすべてを使わない人に共通していることは、語っていることに自分自身を注ぎ込んでいないように見えることです。彼らは、フィリップス・ブルックスが言う 19 世紀の配達人と同じです。彼らはわたしたちに与えるべき何かを持っていますが、でもそれは彼ら自身にとって重要な事柄ではないように思えます。「自分のすべてを使って相手に伝える者」が伝えることは、緊迫感であり、興奮であり、喜び、畏れ、不思議さ、そして真理に対する驚きです。その真理は、彼ら自身よりもはるかに大きいものでありながら、呼吸や鼓動のように身近で、命自体と同じほどに尊いものです。

　わたしトムは、メモも原稿も持たずに説教します。このやり方はすべての人に適用できるものではありませんが、これまで多くの学生や説教者から、

どうすればメモなしで説教ができるようになるのでしょうかと問われました。最初にわたしが彼らに教えたのは、語り言葉で書いてみるということです。それを一度マスターして、純粋にそれが心地よいと思えるようになったら、自分が書いたことを短く要約してみるように言います。例えば、もう自分の骨肉になっている話をしようとするときには、「○○についての話」と書き、その話への導入の文章と、説教の次の部分への導入の文章を書きます。時が経つにつれて、次第に原稿から自由になります。説教者は、自分の心に書き込まれたことを信頼するようになります。そうなれば、必要なのは、話題の変化を説教の一貫した筋道に沿わせることと、明確に目標へと進んでいくことだけになります。いったんこのやり方を身につけてしまえば、十分な長さの説教を、1ページか2ページの、語り言葉で書かれた原稿にすることができます。また、説教の「ムーブ」のアウトラインを効果的に書くことができます（「ムーブ」についてのより詳細な議論は、第10章にあるデイヴィッド・バトリックの議論を参照してください）。多くの人々は、そこから次第に、何のメモも用いないようになります。彼らは即席の説教をしたり、そのとき思いついたりしたことを説教するのではありません。原稿の一字一句をすべて記憶するのでもありません。その説教を自分自身に対して繰り返し声を出して説教することで何度もおさらいし、洗練されたものにして、心と考えを準備するのです。彼らは、完全原稿を書くより多くの時間ではないとしても、それと同じぐらいの時間を準備に費やします。

　必ずしも、メモなしで説教をする必要はありません。でも、メモなしを目指したいと思うのであれば、このことは、少なくとも目標を達成するための方策になると思います。

　わたしノラは、原稿を書いて説教をします。牧師になりたての頃から、このやり方でしてきました。そして、告白しますが、このひとつのやり方を何年も続けて、原稿は説教壇の中でのわたしの「安心を与えてくれる毛布（security blanket）」になっています。でも、原稿を読むことはしません。それを説教するのです。つまり最大限のアイコンタクトを取り、原稿から自由になってそれを説教するために、いくつかのことを習慣にしています。第1に、説教の中のムーブのアウトラインを、1語か1フレーズで原稿の左の余

白に書き、すばやくそれを見て、自分がどこを語っているかわかるようにしています。第2に、説教原稿の中のキーワードやキーフレーズを太字体で強調して、それらがページの中で目立つようにしています。最後に、わたしは小見出しを用います。本の中に見られる小見出しと同じようなものです。そうやって、ひとつのムーブから次のムーブへと大きな話題の変化が起こることを知らせるようにしています。

しかしながら、練習、練習、練習に取って代わるものはありません。原稿を書いているときには、頻繁に立ち止まって、それを読んで、話したときにスムーズに流れるかを見ます。流れなければ、実際に説教するときにも問題が起こるとわかります。説教をする前の日、普通少なくとも2、3回、説教のおさらいをして自分のものにします。説教する日の早朝、さらに2、3回実際に声を出して説教します。理想的なのは、誰にも邪魔されない個室ですることです。時々、教会の外で、聖フランチェスコのように鳥やリスに向かって説教することがあります。トムと同じように、原稿から完全に自由になれるのは、物語を語っているときです。力強い始まりと力強い終わりは、両方ともわたしにとって大事です。それで、説教のその部分は十分落ち着いて語れるようにします。まったく下を見ないで説教できるようにするためです。

わたしにとって一番大事なことは、心から説教することだと思います。それは、原稿に十分に親しんで、説教を「物語る」ことができるようにすることであり、自分が信じていることを率直に、そして忠実に証しすることです。

原稿を用いても、メモを用いても、あるいは何も用いなくても、説教者は神の言葉を「自分のすべてを使って相手に伝える」という難しい課題と向き合います。この目標に向かって前進することを助けるパブリック・スピーキングの方法があります。始める前に両足でしっかりと立って、体の中心を意識し、腹式呼吸で息を支え、明瞭に話し、話すペースを変え、適切に間を取り、声に抑揚を加えて表現するためにスピーチに音楽性を持たせ、自分が語っている内容の感情的な推移に沿って語ること。語りによるコミュニケーションの基本についてさらに知るには、ジャナ・チルダースの『御言葉を演じる（*Performing the Word*）』（注8）と、G・ロバート・ジャックスの『御

言葉を伝える（*Getting the Word Across*）』（注9）の2冊が助けになります。またこれらのことを、より広いパフォーマンス研究の枠組みの中に置き、よいパフォーマンスの原則がどのように神の言葉を体現する助けになるかを知るには、リチャード・F・ウォードの『聖なることを語る——説教におけるコミュニケーションの技術（*Speaking of the Holy: The Art of Communication in Preaching*)』（注10）を読んでみるとよいでしょう。

　これらの本は有益ですが、方法論だけでは、「自分のすべてを使って相手に伝える」ことはできません。説教は、パブリック・スピーキング以上のものです。それは聖なる行為であり、人間が神の不思議さを証しすることです。それには、アフリカ系アメリカ人の兄弟姉妹たちが「魂（soul）」と呼ぶものが含まれます。彼らが「魂」で歌う音楽家について語るときや、「魂」で説教する説教者について語るときのこの言葉の使い方が、とても助けになります。「魂」では、感情的な働きと知的な働きが一緒になっています。魂は「生きておられる聖霊によって動かされている人間の全体性（wholeness）」と定義することができるでしょう。魂という全体性は、はかり知れない価値を持つ存在としての他者に手を差し伸べます。テレサ・フライ・ブラウンは次のように説明します。「魂の真髄は、すべての人々に対して、彼らが誰であっても、どこに住んでいても、どんな姿形をしていたとしても、あるいは何を信じていても、敬意を払うことです。［マーガレット・ゴス・］バローズによれば、『人間性と頭脳と心』は、魂を持つ存在であるわたしたちの決定的な要素なのです」（注11）。

　このように理解すると、「魂」という言葉は、単に人々の感情に触れることができるというだけの理由で、自分が神の言葉を「自分のすべてを使って相手に伝えている」と思い込むことから、説教者を守ってくれます。礼拝学の専門家であるドン・サリアーズ（Don Saliers）は、次のように指摘しています。「誇大宣伝の文化は、今感じていることと、時を経た深い感情との違いを知ることを難しくします。……わたしたちは即時性を追い求める傾向があります。わたしたちの深いところにある欲求は、わたしたちが長い時間を経て情熱に捉えられていくにつれて形成されるのです」（注12）。より深いところにある情熱は、わたしたちが「魂」と表現するものの重要な一部です。

　「魂」が指し示すリアリティは、時々、他の文化の、他の言語で表現されることがあります。例えばわたしトムは、30 年以上前に、ウェールズの説教学者グウィン・ウォルターズ（Gwynn Walters）の講義・説教のプレゼンテーションを聞いたことを覚えています。その中で彼は、説教者の「歌」について語りました。「すべての力ある説教者は、歌を持っています」とウォルターズは言いました。「歌」という言葉で彼が表現しようとしていたのは、説教者が歌う文字通りの音楽作品のことではありません。彼が表現しようとしていたのは、説教者の用いる言葉と声の抑揚の持つ音楽性のことです。それは、驚きの深さと広さを示唆するやり方であり、高く舞い上がり深く探る霊であり、声帯だけではなく心という聖なる部屋から出る音の中に確かに存在する神秘です。

　それを「魂」と呼び、それを「音楽」と呼ぶ。この不思議な特質は、簡単に習得できるものではありません。この本の中でわたしたちが探ってきた技能と技術は、「自分のすべてを使って相手に伝える者」であるために欠かせないものですが、それらを技術的にマスターしても、その人の説教の中に魂を持つことにはなりません。わたしたちの中の、そしてわたしたちの周囲の、最も深いところにある聖霊の源に心を配ることによって、魂は養われます。魂は説教学の訓練と共に、祈りの訓練を要求します。わたしたちは生きておられる神に仕えるのですが、その神の霊はわたしたちの中で、わたしたちと一緒に、わたしたちを通して、「言葉を求めて深くうめきながら」（ローマ 8:26、私訳）」祈っておられるのです。

　　わたしたちの思いと心を探し求め、響かせよ
　　息と炎と風と鳩よ
　　あなたの祈りがわたしたちの中にあって
　　愛の業をなす力を与えてくださるように（注 13）

練習問題：説教の伝え方

　1．声と見た目がその説教に「魂」を与えており、神の言葉を「自分のすべてを使って相手に伝えている」と感じられた説教者を思い出してみましょう。そのような説教者を見て、その説教を聴いたときの衝撃を、自分自身に、あるいはクラスメートに話してみましょう。

　2．あなたの説教の中の「魂」を育て、神の言葉を「自分のすべてを使って相手に伝える」ために、最も助けになることは何ですか。その目標に達する妨げになると思われるものは何ですか。

注

1. Lucy Lind Hogan, *Graceful Speech: An Invitation to Preaching* (Louisville, KY: Westminster John Knox Press, 2006), 174.

2. Ibid. リンド・ホーガンは以下から引用している。Jana Childers, *Performing the Word: Preaching as Theatre* (Nashville: Abingdon Press, 1998), 18.

3. Mitties McDonald de Champlain, "What to Do While Preaching," in *Best Advice for Preaching*, ed. John S. McClure (Minneapolis: Fortress Press, 1998), 99-100.

4. エレミヤ書 15:16 を見よ。

5. J. Alfred Smith Sr., "How Can They Hear without a Preacher?" in *Power in the Pulpit: How America's Most Effective Black Preachers Prepare Their Sermons*, ed. Cleophus J. LaRue (Louisville, KY: Westminster John Knox Press, 2002), 138.

6. James Earl Massey, *The Burdensome Joy of Preaching* (Nashville: Abingdon Press, 1998), 40.

7. Lind Hogan, *Graceful Speech*, 175.

8. Childers, *Performing the Word*.

9. G. Robert Jacks, *Getting the Word Across: Speech Communication for Pastors and Lay Leaders* (Grand Rapids, MI: Wm. B. Eerdmans Publishing Co., 1995).

10. Richard F. Ward, *Speaking of the Holy: The Art of Communication in Preaching* (St. Louis, MO: Chalice Press, 2001).

11. Teresa L. Fry Brown, *God Don't Like Ugly: African American Women Handing on Spiritual Values* (Nashville: Abingdon Press, 2000), 117.

12. 2012 年 6 月 27 日、イェール教会音楽研究所、会衆プロジェクト会議におけるドン・サリアーズのプレゼンテーション。

13. Thomas H. Troeger, "Through Our Fragmentary Prayers," in *Borrowed Light: Hymn Texts, Prayers and Poems* (New York: Oxford University Press, 1994), 123.

訳者あとがき

　この本は、トマス・H・トロウガー（Thomas H. Troeger）と レオノラ・タブス・ティスデール（Leonora Tubbs Tisdale）の共著である *A Sermon Workbook: Exercises in the Art and Craft of Preaching* (Abingdon Press, 2013) の第 1 部の日本語訳です。原著はふたつの部分に分かれており、第 1 部は「Thinking Like a Preacher」第 2 部は「Writing Like a Preacher」という標題がついています。第 1 部は、説教を作成するときに考えるべきこと、第 2 部は、原稿を書くときに考えるべきことが扱われています。後者は英語で説教を書くことに重点が置かれているので、この本では前者の第 1 部だけを訳出しました。

　トロウガー氏は、1967 年にイェール神学校を卒業後、コルゲート・ロチェスター神学校で学び、ニューハートフォード長老教会の副牧師を務められます。その後、コルゲート・ロチェスター・クローザー神学校、イリフ神学校で説教学の教授を務め、2015 年からイェール神学校の説教学の教授になられました。そこでティスデール氏と一緒に説教学を教える中で、この本が生まれました。説教学と礼拝学の分野で多くの著書があり、賛美歌作者、また詩人としても知られています。説教学の分野から『21 世紀の説教を求めて――十人の説教者の物語』（迫川由和訳、教文館、1998 年）、『豊かな説教へ――想像力の働き』（越川弘英訳、日本キリスト教団出版局、2001 年）が邦訳されています。

　ティスデール氏は、ノースカロライナ大学を卒業後、バージニア州のユニ

オン神学校、プリンストン神学校で学び、ニューヨークのユニオン神学校で非常勤講師を務められます。同時にフィフスアベニュー長老教会牧師として奉仕し、その間、2000人を超える一般信徒のための神学アカデミーであるキリスト教研究センターの神学監督を務められます。その後、イェール神学校の教授となって現在に至ります。預言的説教、会衆研究と説教、女性の説教方法の研究などの分野で多くの著書があります。

わたしがこの本を知ったのは、友人の牧師の紹介です。入手して読んでみて、その内容が丁寧で緻密なことに驚きました。これはイェール神学校の説教学の授業で用いた資料をまとめたものだということですが、アメリカの神学校では、このような授業が行われているのだということに、心を打たれました。

わたしはもう30年近く、説教塾という説教者の集まりの事務局を務めています。名前の通り、説教を身につけるために学ぼうとする者の集まりです。現在250名の牧師と信徒が塾生として登録しています。1987年に東京神学大学の卒業生が加藤常昭師を中心に結成したもので、全国に13の地方説教塾があって、継続的な説教の学びを続けています。当然、そこでも説教作成の訓練がなされるのですが、その特色は第1の黙想と呼ばれる部分にあります。牧師が説教を作成するときには、与えられたテキストの釈義から入るのが通例ですが、説教塾では第1の黙想と呼ばれる作業から入ります。これは日本語の聖書テキストをひたすら丁寧に読み、そこからメッセージを聴き取る作業です。そこでは普通に黙読するだけでなく、音読をしたり、他の人に朗読をしてもらうこともあります。また椅子に座って読むだけでなく、立って読んだり、歩きながら読んだりします。そのようにして、あらゆる方向からテキストに向かいます。そこでする作業を、説教塾では「目でさわる」と言い表します。テキストを読みながら、ザラつきを探すのです。すんなり読めないところ、ひっかかりを感じるところです。そこに、まだ自分の知らない世界があるからです。そういう箇所を見つけたら、そこを集中的に黙想します。そこから、新しいメッセージを聴き取るのです。

このワークブックでも強調されていることですが、説教には必ず新しいも

のがなければなりません。神の言葉は決して常識的ではなく、陳腐でもないからです。説教で、いつもの常識的な話をしても、それは神の言葉にはなりません。そこには、驚きも感動も感謝も畏れもないからです。ただ、この新しさは、単なる目新しさとは違います。いつもと違ったことを語ろうと説教者が恣意的に作り出す新しさではありません。そのようなものはすぐに聴き手に見破られてしまいます。説教における新しさとは、すでに知っていることを新しく聴くことです。神の言葉は、そのような新しさを持っているのです。

　そのような訓練を受けてきた者として、わたしがこのワークブックを読んで最初に心を動かされたのは、第3章の「説教のための創造的な聖書の読み方」です。そこに書かれていることは、まさにわたしたちが説教塾で第1の黙想として取り組んできたものだからです。その部分を通して、自分たちがこれまで取り組んできたことを、新しい視野で見ることを教えられました。

　また第5章の「人々が受け取る説教」と第8章の「説教のために会衆を釈義する」に示されている聴き手を理解する姿勢や、第13章と第14章で扱われる、説教に対する聴き手の抵抗も、重要な点だと思わされました。これは説教塾の説教理解のひとつですが、説教とは、牧師が説教壇で語ったものではなく、それが聴き手の心に届き、その心に残ったものだとするのです。ですから牧師がいくら説教壇で熱心に語ったとしても、それが聴き手の心に届かなければ、説教をしたことにならないと理解するのです。そのためには聴き手理解が欠かせません。日本では、言葉を整えることに比べて、言葉を届ける技術が軽んじられる傾向がありますが、それは大きな間違いです。聴き手に届かなければ、神の言葉は出来事になりません。この本で扱われていることは、そういう点でも大きな助けになると思います。

　最後に、個人的なことですが、著者のひとりであるトロウガー師と、わたしは親しい交わりを与えられてきました。1997年に京都で開かれた世界説教学会にわたしが参加した際に、アメリカから参加されたトロウガー師夫妻と出会ったのが始まりです。

　学会後、品川教会で礼拝奉仕をしていただき、翌日車で富士山へ案内しま

した。日本へ行ったらぜひ富士山を見るようにと言われて来たが、飛行機の中からも、新幹線からも見ることができなかったと言うので、わたしが案内したのです。ちょうど梅雨の時期でしたが、5合目から頂上を見ることができたときの夫妻の感激ぶりは、今でも忘れられません。その後、招かれて妻とふたりでコロラド州の夫妻の自宅を訪ね、1週間ほど滞在しました。以来、毎年クリスマスカードを交換してきましたが、昨年（2022年）のクリスマスカードは夫人の名前で送られてきました。その年の4月にトロウガー師がガンのために亡くなられたと書いてありました。

　ですからこの本は、日本の説教者にとって大きな助けになるというだけでなく、わたしにとって、唯一の親しいアメリカの神学者が残してくれたものとして、特別な意味を持っています。多くの人に用いられ、日本の伝道に少しでも資するものとなることを、願っています。

2023年11月
吉村和雄

吉村和雄 よしむら・かずお

1949 年、福島県いわき市生まれ。東京大学工学部卒業、東京神学大学大学院修士課程修了。1990–2021 年、単立キリスト品川教会主任牧師。現在は同教会名誉牧師。著書に『泉のほとりで』『ふたりで読む教会の結婚式』(共にキリスト品川教会出版局)、『聖書が教える世界とわたしたち』(GC 伝道出版会)、『説教 最後の晩餐』(キリスト新聞社)。訳書に、F. B. クラドック『説教』(教文館)、W. ブルッゲマン『詩編を祈る』、トーマス・ロング『歌いつつ聖徒らと共に』(共に日本キリスト教団出版局)ほか。

トマス・H・トロウガー
レオノラ・タブス・ティスデール

説教ワークブック 豊かな説教のための 15 講

2024 年 3 月 20 日　初版発行　　　　　　　© 吉村和雄 2024

訳　者　吉村和雄
発　行　日本キリスト教団出版局
〒 169–0051　東京都新宿区西早稲田 2–3–18
電話・営業 03 (3204) 0422、編集 03 (3204) 0424
https://bp-uccj.jp

印刷・製本　開成印刷

日本キリスト教団出版局

主よ、わが唇を開きたまえ
説教黙想集
加藤常昭：編訳

長年日本の説教者を指導してきた神学者が、説教塾セミナーで実際に用いた、11 本の聖書テキストから釈義、黙想、礼拝説教に至る資料を集成。セミナーの雰囲気を感じつつ「説教準備の仕方」が学べる。　　　　　　　**8,000 円**

み言葉打ち開くれば光を放ち
加藤常昭説教黙想集
加藤常昭：著

東京神学大学、説教塾で長年日本の説教者を指導してきた著者が、『説教者のための聖書講解』『説教黙想 アレテイア』の両誌等に寄稿した珠玉の説教黙想 65 本。　　　　　　　**7,000 円**

説教への道
牧師と信徒のための説教学
加藤常昭：著

与えられた聖書テキストに向き合うことから始め、説教に至るまで、その歩みの道程を丁寧に解き明かす。牧師も信徒も、この 1 冊で説教ができるようにと願って書かれた具体的な手引き。　　　　**1,600 円**

文学としての説教
加藤常昭：著

説教も文学も、かけがえのない言葉の営みである。文学との対話、K. バルト、R. ボーレン、植村正久、竹森満佐一ら先達のイメージ豊かな説教の吟味を通して、説教学に新たな視点を投じる。　　　　**2,800 円**

カール・バルト説教選
しかし勇気を出しなさい
待降・降誕・受難・復活
佐藤司郎：編・解説

20 世紀を代表する神学者カール・バルトは、名説教者でもあった。彼のアドヴェント、クリスマス、レント、イースターの説教を精選し、各編に解説を付す。鮮やかな福音理解に満ちた書。　　　**2,400 円**

説教を知るキーワード
平野克己：著

説教題、盗作、説教原稿、導入、例話、結びなど、36 のキーワードから「説教とは何か」を明らかにする。説教者にとって、自身の説教を見つめ直し改良するための助けとなる書。　　　　**1,500 円**

価格は本体価格。重版の際に変わることがあります。